花ひらく大地の女神

月の大地母神イザナミと出雲の王子オオクニヌシ

高良留美子

御茶の水書房

花ひらく大地の女神

——月の大地母神イザナミと出雲の王子オオクニヌシ

目次

1　出雲系神話を通してオオクニヌシを考える……………………………… 2
女神たちに愛された神　真赤に焼けた石による受難　野猪に殺される若い男神たち
女神カミムスヒ　木の俣での二度目の死　日本の大地母神の観念　根の国にはイザナミがいた
スセリヒメとの結婚・根の国での試練　鏑矢《かぶらや》の試練からの生還
出雲の国の支配者となる　「内はほらほら、外《と》はすぶすぶ」　大地母神イザナミの胎内で
三日目の甦り　月中の動物としてのネズミ――南海神話との関係
妻の力で生き延びた末弟の神話　月と不死　月と水　月神の性別

2　井戸尻の遺跡を通して〈大地母神の胎内〉を考える…………………… 20
井戸尻遺跡群の縄文文化　花ひらく縄文時代中期の文化　住居の遺跡に注目する
〈母なる子宮〉としての住居　月と太陽の神婚――太陽神イザナギの出現
火も女神の胎内から発した　集落全体が〈月母神の胎内〉に見立てられた
冬至の日光が中央広場にさし射る　人面付深鉢《じんめんつきふかばち》も〈女神の胎内〉に見立てられた
穂首刈りの模擬行為　人面は稔った穀霊ワクムスヒである　焼畑耕作を背景に　月の稚児誕生
生け贄の少年のシンボル　人面香炉形土器も〈女神の胎内〉に見立てられた
国生み神話の位置づけ　ムスヒの神――古いユーラシアの神々
イザナギのカグツチ殺害と火山の噴火　イザナミは日本の大地母神である
冷遇されてきたイザナギ・イザナミ　アマテラスを母のイザナミから切り離す

3　民話からオオクニヌシを考える……45

「鼠浄土」が語る〈月母神の胎内〉　地蔵浄土・鬼博打
ネズミ穴は月の光に満ちていた

4　イザナミの出雲への移住・イザナギとの別れ……49

イザナミの出雲への移住　地球の寒冷化の影響——父権制の南下
弥生文明をもたらしたボートピープル　出雲東部はイザナミの勢力圏だった
出雲と越との深い関係　イザナミは海路で出雲にきた　出雲のもつ東国的・縄文的特徴
出雲西部はオオクニヌシの勢力圏だった　父系の大地母神にも愛されたオオクニヌシ
出雲の豊かさ・人びとの喜び　農耕の神・祭祀王オオクニヌシ　オオモノヌシとオオクニヌシ
三輪山麓における宗教対立　ヤマト政権による出雲支配
生と死と再生の循環——太陰的世界観　循環を模倣し、相似《アナロジー》と類推によって思考する
イザナミとイザナギの離婚　イザナミの永遠の死・文化変容の時代
〈女神の胎内〉としての住居が消える　男根形石棒《せきぼう》の登場　対偶婚家族
祖霊や祖先を祀る祭祀の出現？　家族の中心には女性がいた
イザナギの弱さ・イザナミの独立性　月信仰と太陽信仰の分離

5　イザナミ追慕の祭り……73
出雲の神迎えはイザナミ追慕のためだった
佐太神社の秘儀の深層――隠されたイザナミの出雲入り　三角錐は大地母神イザナミである
神々の宿泊・滞在・神送り　佐太大神はオオクニヌシである　女神が金弓を放ち、光を生んだ
ホノニニギも月の子だった　新羅にも同じような神話があった　父の名は問われなかった
消された母系　オオクニヌシの母キサカヒメ　母系譜が甦る　カミムスヒが抱く越のヒスイ
佐太大神は穀霊オオクニヌシである

6　イザナミの魂を花で祭れ……88
イザナミの甦りを祈って　奥三河の花祭りの源流　花祭りは古い祭りである　熊野の古い月の文化
白山＝イザナミの胎内での生まれ清まり　白山はイザナミの胎内のシンボルである
女神は花、男神は矢　子宮の血は月の花であった　豊穣をもたらす聖なる血
白山は朔の月が籠るところ　成人式の試練、三相一体と三角形の意味　石神の隠れた意味
銅鐸の祭りとその終わり　クニを越えた部族国家からヤマト政権へ
天皇家の子孫を月神から遠ざける　春にきて秋に去る神は月ではないか
月の軌跡・とぐろを巻くヘビ　月・ヘビの信仰文化複合　月の大地母神が息づくところ

あとがき……110

花ひらく大地の女神

――月の大地母神イザナミと出雲の王子オオクニヌシ

1　出雲系神話を通してオオクニヌシを考える

女神たちに愛された神

オオクニヌシは記紀神話のなかで、カミムスヒをはじめとする女神たちに最も愛された神である。わたしたちはこの神と女神たち、とりわけイザナミ大母神を通して、女性がのびやかに生きていた日本の社会と人びとの姿を想像することができる。この評論では神話と考古学的遺跡と遺物、民話などを媒介にして、その世界について考えてみたいと思う。

オオクニヌシは『日本書紀』では、本文にはまったく登場せず、オオアナムチの神になっている。第六の一書では、オオクニヌシはまたの名をオオモノヌシ、クニツクリオオアナムチ、アシハラシコオ、ヤチホコ、オオクニタマ、ウツシクニタマといい、計七つの名をもっている。『古事記』によればオオナムチ、アシハラシコオ、ヤチホコ、ウツシクニタマなど計五つの名をもっている。オオクニヌシは一人の神格ではなく、それぞれ別の神格をもつ神々あるいは初期の王たちだったと考えていい。

ここでは便宜上オオクニヌシの名も使うが、『古事記』にしかない挿話では、稲葉のシロウサギ、八十神《やそがみ》の迫害、根の国でのスセリヒメとの婚姻説話の主人公はオオナムチ（オオアナムチと同一の神。オオアナムチが縮まってオオナムチになったと思われる）であり、根の国ではスサノオからアシハラシコオと呼ばれ、ヌナガワヒメとスセリヒメの歌謡物語はヤチホコの神が主人公である。国譲りの神はオオクニヌシだが、『書紀』では本文でも一書でも、オオアナムチの神になっている。

真赤に焼けた石による受難

『古事記』によれば、オオクニヌシには兄弟の八十神がいた。かれらは稲羽のヤガミヒメ（八上姫）を求めて旅に出るとき、オオナムチに袋を背負わせ、従者として連れていった。気多の前《さき》にきたとき、鰐に皮をはがれたあか裸のウサギを助け、必ず稲羽のヤガミヒメを得るだろうと予言された。ヤガミヒメはその予言の通り、わたしはあなた達のいうことは聞かない、オオナムチの神と結婚しますという。怒った八十神はオオナムチを殺そうと謀り、「山の上から赤い猪を追い落とすから抱きとめろ」という。待っていると、兄神たちは真っ赤に焼いた岩を転がし落とす。かれはその石に焼かれて死んでしまう。

御祖《みおや》の命が泣き患い、天に上ってカミムスヒに訴えると、カミムスヒはキサカヒヒメ（𧏛貝比売）とウムギヒメ（蛤貝比売）を遣わし、生き返らせた。キサカヒヒメがこそげ集め、ウムギヒメが受けとって母《おも》の乳汁《ちしる》を塗ったので、オオナムチは「麗しき壮夫《をとこ》」になって外に出て遊んだ。「ここでのカミムスビノ神は母神的な死と再生の神である」と三品彰英はいう（「神武伝説の形成」第三節第四項付記『三品彰英論文集』第一巻、平凡社、一九七〇）。

きさ貝とはいまの赤貝のこと。二人の名前は『出雲国風土記』ではキサカヒメとウムカヒヒメとなっていて、後者は法吉鳥《ははきどり》（鶯）となって飛び去り、法吉の郷に静まったという。オオナムチに助けられたウサギは稲葉の素菟《しろうさぎ》で、いまは菟神という、と『古事記』は語る。ウサギは脱皮によって死から甦ったのだ。これは蛇などに典型的な、月の動物に共通する特徴である。母の乳汁によるオオナムチの再生も、脱皮による再生と考えられる。

野猪に殺される若い男神たち

オオクニヌシには狩人の面影があり、松前健が指摘したように、母神に伴う若い男神（多くは狩人）が野猪に殺され、復活する話は、古代オリエントやヨーロッパに多い。キュベレの子アッティス、アフロディテの愛人アドニス、イシュタルの愛人タンムーズなどである。フレーザーはこれらの若い復活神は季節ごとに栄落する植物の精霊、もしくは毎年鎌で刈られ、殺され、播種と発芽によって毎年死と復活を繰り返す穀霊であるとした（『出雲神話』講談社現代新書、一九七六）。

これらの母神たちはすべて月母神であり、狩りを好む山の神でもある。そして若い男神たちは、オオクニヌシと同じ生け贄の少年なのだ。イノシシは聖なる動物であり、関東や中部地方の縄文時代の遺跡からは、祭祀に用いられたらしいイノシシの幼獣の下顎骨などが出土している。

女神カミムスヒ

「御祖《みおや》」と呼ばれるのは、女神である。上田正昭は、「『御祖』の用例は『古事記』でも『日本書紀』でも『出雲国風土記』でも、すべて母を指していて」とのべている（『日本神話』岩波新書、一九七〇）。『古語辞典』も、「神・貴人の親・先祖。母・祖母をさすことが多い」と書いている（岩波書店、一九七四）。『古事記』のスサノオの系譜では、オオクニヌシの母はサシクニワカヒメという女神である。前述の神話の「御祖」もこの女神だというが、この女神には何も伝承がない。

カミムスヒは『日本書紀』では第四の一書で「神皇産霊尊《かみのむすひのみこと》」として、『古事記』では冒頭三番目に独神《ひとりがみ》となる「神産巣日神《かみむすひの》」として出てくる造化の神である。この女神にはイザナミのような産む場面はなく、高天原の神とされるが、ほとんど出雲に登場し、この地で大きな神統譜を形成している（瀧音能之『古代の出雲事典』新人物往来社、二〇〇一）。この女神はどうやらもともと出雲固有の霊格であったらしい、と松前健はいう。

『出雲国風土記』楯縫郡の条によれば、国譲りののちオオアナムチの神殿の造営を命じたのは、カミムスヒであった。中山千夏は「イヅモの始祖神は神ムスヒだ」とのべ、そうであるからこそ「イヅモ王朝が瓦解する時、慰められなければならなかったのだ」と書いている（『イザナミの伝言——古事記にさぐる女の系譜』築地書館、一九九八）。

オオクニヌシはこれらの女神たちのお陰で死から甦ったのである。

木の俣での二度目の死

次に八十神たちはかれを欺いて木の俣《また》のあいだに入れ、つっかい棒をはずして殺害する。御祖は泣きながらかれを探しだし、木を折ってとりだして生き返らせる。木の俣での死と再生は、ある種の宗教的な樹木儀礼を背景としている(1)。

ついに御祖は「お前はこの世界にいたのでは遂に八十神のために滅ぼされてしまうだろう」といって木国のオオヤビコのところにオオナムチを遣わした。すると八十神が追ってきて、矢をつがえてオオナムチを求めた。御祖はかれを木の俣からそっと逃がしてやり、「スサノオの命がいる根《ね》の堅州国《かたすくに》へ行きなさい。必ずその大神が工夫してくださるでしょう」という。

木の俣については、『古事記』にもう一つ挿話がある。オオクニヌシは根の国で蘇生したあと約束通りヤガミヒメと成婚したが、ヒメはかれが正妻として迎えたスセリヒメを「畏《かしこ》みて」、生んだ子を木の俣にさしはさんで因幡の国に帰った、その子を名づけて木俣神という、と。

木の俣で死に、また木の俣から生まれ出るという死と再生の古代観念について、三品氏は次のようにのべている。「すなわちそこに、木↓死↓根ノ国（スサノヲ神の国）↓木↓生誕と一連的に表現されている観念が窺われる。（略）スサノヲノミコトは根ノ国の神であるが、一方で『書紀』第四ノ一書および第五ノ一書には樹木を植林した神として語られている。第五ノ一書によると、この神の髭髯《ひげ》・胸毛・尻《かくれ》の毛・眉の毛がそれぞれ杉・檜・柀《まき》・櫲樟《くすのき》になったといい、（略）材木の用途までそれぞれに教えている。このように根ノ国の祖神が植林の神でもあることは、樹木が地下に根を張り、根ノ国の生命力によって成長していく事実に、古代人が根ノ国が死から生への根元であることを感じとったことを語る神話といえる」（「出雲神話異伝考」第二節第二項付記、論文集第二巻）。

日本の大地母神の観念

さて、根の堅州国は、スサノオが哭《な》いて行きたがっていた妣《はは》の国だ。根の国とは地下の国、下方の底の国また母の国、大地、死者の国でもある。だがかつては沖縄のニライカナイと同様に、生命・豊穣の源泉でもあると信じられていたらしい（『神話伝説辞典』東京堂出版、一九六三）。カタスとは片隅の略だという（『大言海』）。

「『根の国』は地下にあり、そこは生命の根ざすところであり、『根の国』という名称そのものが植物的世界観の淵源を示している。（略）本来は地霊の国である。穀物も人間の生命もまたこの地霊の国に淵源する」と三品氏はのべている（「銅鐸小考」論文集第五巻）。根の国の観念の根底にあるのは、大地を生命の源泉とする大地母神の信仰である。この大地母の観念は人類の宗教史の上では最も古いもので、すでに旧石器時代に成立し、新石器時代の農耕の発達とともに著しく発展した宗教観念であり、考古学的遺跡遺物からも原始宗教儀礼や神話伝説の類からも、多くの資料によって証明されているという。

「わが国におけるこの種の大地の観念は根ノ国・夜見国として伝承されていますが、文化史的には残存的なものになっています」と三品氏はいう。「この観念を比較的多く伝えているのが出雲の神話であります。『記紀』の神話体系においては、出雲の祖神《みおやがみ》でありますスサノヲノミコトは複雑な性格になっていますが、本来は根ノ国の神であります。三神分治の神話でこの神は根ノ堅州国を支配することになっており、またスサノヲノミコトは自らこの根ノ国を母の国とも呼んでおり、わずかながら地母神の観念の残存を示しています」（「日本建国神話の三類型」論文集第一巻)。

この問題については、大地母神としてのイザナミについてのちに検討したい。

根の国にはイザナミがいた

スサノオの母で根の国にいる女神といえば、イザナミしかいない。『日本書紀』はスサノオが母を慕って泣いているとはなかなか書かないが、第六の一書だけは「吾《やつがれ》は母《いろはのみこと》に根国《ねのくに》に従はむと欲《おも》ひて、只《ただ》に泣かくのみ」といったと書いている(日本古典文学大系『日本書紀　上』岩波書店、一九六七)。『古事記』は「僕《あ》は妣《はは》の国、根の堅州国に罷らむと欲《おも》ふ。故《かれ》、哭《な》くなり」といったと語る(日本古典文学大系『古事記　祝詞』岩波書店、一九五八)。

イザナミはスサノオが恋い慕う母であり、火の神カグツチを生み焦《や》かれて死んで以来、そして黄泉の国まで追ってきたイザナキをヨモツヒラサカ(黄泉平良坂)で追い返して以来、根の国にいるのである。オオナムチは、スサノオだけでなくイザナミもいるその根の国へ行ったことになる。

スセリヒメとの結婚・根の国での試練

オオナムチは根の堅州国で、今度はスサノオから多くの試練を受ける。かれがスサノオのところに行くと、娘のスセリヒメが出てきて、目と目を見合わせて心を通わせ、結婚して、帰って父神に「とても麗しい神がきました」と告げた。スサノオは出て見て、「これはアシハラシコオ(葦原色許男)という男だ」といって呼び入れ、蛇の室《むろ》に寝かせた。妻のスセリヒメは夫に蛇の領布《ひれ》を授け、「蛇が噛もうとしたらこの領布を三度振って打ち払いなさい」といい、かれを救う。翌日百足と蜂の室に入れられた時には、百足蜂の領布を与えて同じように百足や蜂を鎮めてくれる。スセリヒメは根の堅州国で大きな霊力をもつヒメなのである。心を通わせ合うとすぐに「相婚《あ》ひたま」うところなど、現代の女性にも通ずる自由さである。

鏑矢《かぶらや》の試練からの生還

つぎにオオナムチは荒野に放たれる。スサノオは鏑矢を射込んで、あれを拾ってこいと言う。草原へ入っていくと、周りから火が放たれる。出口がなくなってどうにもならなくなったときに、ネズミが出てきて、オオナムチにささやく。「内はほらほら、外《と》はすぶすぶ」。そこを踏むと、下に落ちて、そこに隠れているうちに火は焼け過ぎていってしまった。

『古事記』は書いている。「また鳴鏑《なりかぶら》を大野の中に射入れて、其の矢を採らしめたまひき。故、其の野に入りし時、即ち火を以ちて其の野を廻《もとほ》し焼きき。是《ここ》に出でむ所を知らざる間に、鼠来て云ひけらく、『内は富良富良《ほらほら》、外《と》は須夫須夫《すぷすぷ》』といひき。如此《かく》言へる故に、其処を踏みしかば、落ちて隠り入りし間に火は焼け過ぎき。」

スセリヒメが泣きながら葬式の道具をもってくる。父の大神はオオナムチが死んだと思って野に出で立つと、ネズミが鏑矢をもってきて奉った。オオナムチは生きていたのである。かれは女神の胎内に入り、そこから再び生まれたと考えていい。真っ赤に焼けた岩で殺されたときや、木の股にはさまれて殺されたときと同じように、オオナムチは火の中で一度死んで甦ったのだ。それは偉大な王オオクニヌシになるための試練であり、死からの再生であった。

　スサノオはオオナムチを家に入れ、八田間《やたま》の大室《おおむろ》に呼びいれて頭の虱をとらせた。頭にはムカデがたくさんいた。スセリヒメは椋《むく》の木の実と赤土《はに》を夫に授けた。オオナムチはそれらを使ってスサノオを騙し、スセリヒメを背負い、生太刀《いくたち》、生弓矢《いくゆみや》と天《あめ》の詔琴《のりごと》（瓊琴《たまこと》）の三つの宝物をとって遠くに逃げた。ヨモツヒラサカまで追ってきたスサノオは、はるばる望んで、オオナムチの神を呼んでいった。

「お前がもっているその生太刀、生弓矢でお前の腹ちがいの兄弟を追い伏せ追い払い、オオクニヌシの神となり、また天の詔琴によってウツシクニタマ（顕国玉）の神となり、わが娘スセリヒメを正妻とし、地底の磐に宮殿の柱を太く掘り立て天空に垂木を高く上げて、わが物として領せよ、お前」と。

出雲の国の支配者となる

　スサノオの与えた数々の試練に耐えたオオナムチは、アシハラシコオからオオクニヌシの神になり、三つの呪具を与えられて、出雲の国の支配者ウツシクニタマとなる資格をスサノオから正式に認められたのである。

　天の詔琴とは、それを通して神霊の声が聞かれる聖器であり、司霊者のもつ呪具であった。「元来、太鼓。鈴。瓢箪のガラガラ・琴などのように、中空状の原始楽器は神霊の容器として、神霊の声が聞かれる聖器であった。オオクニヌシノミコトが根ノ国の祖神から入手した天ノ詔琴はその代表的なものであり……」と三品氏は書いている（「銅鐸小考」）。

オオクニヌシは生太刀、生弓矢をもって八十神たちを追い伏せ、スクナヒコナの神と協力して「此の国を作り堅め」た。スクナヒコナはカミムスヒが遣わした御子神である。オオクニヌシは終始母系の大母神の庇護を受けているのである。もっとも『日本書紀』によればこの神はタカムスヒの子の一人だが、いたずら者で、指のあいだからこぼれ落ちたのだという。

「内はほらほら、外《と》はすぷすぷ」

ここで、かれがスサノオから受けた最後の試練、野火の試練について考えたい。

スセリヒメはこのとき、前とちがって呪力をもつものを夫に何も授けていない。鼠が出てきて「内はほらほら、外はすぷすぷ」といわなければ、またオオナムチがその言葉の意味を読み解かなければ、焼け死んでしまうところだったのだ。かれを救ったこの言葉は、何を意味するのだろう。

岡野弘彦は師の折口信夫の言葉を紹介しながら、次のようにのべている。

「内はほらほら」の「ほら」は洞穴で、「中は広いよ」というのです。「外はすぷすぷ」というのは、は行音は古代は「ぱぴぷぺぽ」ですから、「すぷ」で、「すぶ」の意味です。

折口先生と一緒に歩いていると、夜の星空を見上げながら、「岡野、あのすばる、君には幾つに見えるかい」と言うのです。僕は（略）「十三か十四見えます」と答えます。（すばる星はプレアデス星団で、幾つもの星が蛍かごのように見えます）。先生は「うん、そうだろう。それを昔の人は九つとか七つとかに見た。そして、その形を巾着の口を『すぼる』つまり、引き締める。『口をすぼめる』『お尻の穴をすぼめる』というふうに感じた。引き絞ること、統一することが『すぼる』『すぶる』、そして『すべる』『すめる』『すめらみこと』など、そういう感じで日本の古代の言葉は出来るのだよ。それで、『内はほらほら、外はすぷすぷ』は、分かるだろう。つまり女性の大事なところを言っているのさ。鼠が進退窮まった大国主の顔を見上げて、『内はほらほら、外はすぷすぷ』と言ったのだ。大国主はすぐ分かって、そこをトーンと踏んだら、ぱかっと洞穴が足元に開いて、そこに入りこんで命が助かった。鏑矢もちゃんと鼠が引っ張ってきて、そこにあったのだ。面白いだろう」と、そんな風に話をするのです（「折口信夫にとっての『古事記』」『古事記が語る原風景』ＰＨＰ、二〇〇四）。

大地母神イザナミの胎内で

別のところで、岡野氏は次のようにもいう。

「『内は洞々、外は統ぷ統ぷ』は、あるエロスを持っている古代の諺で、子供を産み出すことのできる女性の力の秘められた部分と、その精妙さをたたえている言葉なのです。／実は、今までの『古事記』の解釈の中ではそこまで解いている書物はありません。本居宣長もそこまでは解釈できていません。私がこういう話ができるのは、私の先生である折口信夫の講義の中でその解釈を教わったからです。先生は、何でもないように、この言葉は室祝《むろほ》ぎの言葉で、『地下に大きな隠れ場所があるよ』と鼠が教えた。それと同時に、『その言葉は女性の力をたたえる言葉として昔から人々が伝えていた言葉なのだよ。大国主さんも、とっさにその謎を解くことができるだけの、世俗の知恵がついていているんだね』という（「神話から物語へ貫いて流れているもの――古代母権社会の面影をたどって」『芸術都市の創造――京都とフィィレンツェの対話』ＰＨＰ、二〇〇六）。

内側は広いよ、入口は締まっているよ、という言葉は女性の子宮を指しているのである。母の国、根の国での話だから、大地母神の子宮というべきだろう。そしてそれこそはイザナミの子宮であった。オオナムチは産道をくぐって大地母神イザナミの胎内に入り、そこに隠れて火から逃れたのである。

三日目の甦り

坂田千鶴子は、「ネズミの助言によって飛び込んだ穴のかたちが、『内はほらほら、外はすぷすぷ』と、そのまま産道から母胎への回帰を暗示していたことは、蛇やネズミ（根住み）の住む根の国が、大地母神の支配する冥界であったことを示すものだった」とのべ（「『出雲国風土記』砕かれた縄文月神話の復元」『光の神話考古――ネリー・ナウマン記念文集』言叢社、二〇〇八）、岡野氏の話への注目を注で記している。またオオナムチが「ネノクニに何日いたかは明記されないが、第一日目に蛇の室に入れられ、次の日にムカデと蜂の室、そしてその次が野焼きの場だからやはり三日であろう」という篠田知和基の見解（「世界のおさな神」『アジア遊学』87、二〇〇六）を紹介し、「三日目の甦りが月神の特質であることはいうまでもない」とのべている。月が朔の三日間ののち、西の空に新月として甦ることを踏まえているのだ。

月中の動物としてのネズミ——南海神話との関係

オオクニヌシに地下の洞窟の存在を教えてくれたネズミとは、何者だろう。

石田英一郎は、ネズミが「マライ、スマトラなどから南海にかけて月中の動物とされているもので、あるいはインドあたりから由来した月中の兎の変形したものかもしれない」といっている（「月と不死——沖縄研究の世界的関連性に寄せて」『石田英一郎全集』第六巻、筑摩書房、一九七七）。そして次のように書く。「元来幾多の民族にあっては直接間接に月と関係づけられる動物は、前記の蛇のように脱皮をくりかえして生まれかわるものでなければ、蟾蜍《ひきがえる》、熊、兎、犬、猪、鼠など、多くは冬眠により、もしくは穴居によって、隠れてはまた現われるという種類のものが多い。おそらく月の盈虧《えいき》消長にたいする類推にもとづくものであり、したがって多かれ少なかれ、回春と不死の表象がこれらの動物に結びつく。」

オオクニヌシとネズミとの関係は、この神が月の信仰圏の神であることを表している。マライ、スマトラなどから南海にかけて、ネズミは数多く棲息していただろう。オオクニヌシの後身ともいえる大黒さまは、ネズミを使者としている。沖縄ではネズミを、ニライカナイという海の彼方の浄土から渡ってきたものと考えていた。

また中村禎里は次のように書いている。

「南西諸島においては、海から流れ着く鼠を、海のかなたの他界から生命と幸福をたずさえて到来する使いとみなす信仰が行われている。日本中央部でも、鼠を福神として、家に居つくことをむしろ歓迎する土地もある。一つには、共生する鼠の存在は、その家における食物の潤沢、ひいては富裕の証明とする理解があったのだろう。鼠が大黒の使者だという信仰も、たぶんこれに関係する。大黒と鼠との因縁については諸説あり、南方熊楠は、インドにおいてクベラの使いとされた鼠が、日本に入って大黒と結びついたと主張する。あるいは鼠福神説は、南西諸島における鼠信仰の変形かもしれない。また『古事記』において大国主を鼠が救助する挿話と、大国―大黒の音通にもとづき、鼠の大黒従者説が強化された可能性もある」（『日本民俗大辞典』吉川弘文館、二〇〇〇）。

妻の力で生き延びた末弟の神話

オオクニヌシ神話には、たしかに南海の神話との類似が見られる。南海やインドの伝説を研究した斉藤正雄は、次のように書いている。

「オオクニヌシ神話の類話はハルマヘラ島、スマトラのバタク族、ビマ島、サウ島、マライ、フィリッピン諸島など、ひろく東南アジアの島々にも分布している。それによると兄弟争いで追われた末弟が、助命の恩にむくいる人魚に乗って対岸の国へ海を渡ったのち、井戸守の女の家に泊まり、花の精の美女を妻にめとる。これをねたんだ暴王が、若者を滅ぼすために呪いの暴風雨、毒虫、毒へビの迫害、水責め火責めの難を加えるが、若者は妻から授かる護符と動物の加護で難をきりぬけ、ことに一度は焼かれて死ぬが、妻のそそぐ海水によって前よりもうるわしい男によみがえるので、王と王妃もそのまねをしたが、焼け死んでしまった」(『世界百科事典』平凡社、一九六四、オウクニヌシの項)。

ここにはネズミは出てこないが、毒虫、毒へビなどによる迫害から妻の力で生き延びる末弟という設定は、オオクニヌシ神話と共通している。この神には、明らかに南海方面の神話伝承が流れこんでいる。

月と不死

『万葉集』には、「月読《つくよみ》の　持てる変若水《をちみづ》　い取り来て　君に奉《まつ》りて　変若《をち》得しむもの」という歌がある(巻十三、三二四五の後半、日本古典文学大系『万葉集三』岩波書店、一九六〇)。「月の神がもっている若返りの水をとってきて、わが君に奉り、若返らせるものを」という意味だ。月神が若返りの水をもっているという信仰は、ロシアの民俗学者ネフスキーが沖縄で採集した古い説話にも見出される。本土における正月の若水の起源説話といえる伝承である。

昔、宮古島で月と太陽が人間に長命の薬を与えようと、節祭《シツ》の新夜《アラユー》にアカリヤザガマという男を使者として遣わした。彼は変若水《シデミツ》と死水《シニミツ》を別々に入れた二つの桶をかついで下界に下るが、途中油断によって蛇に変若水を全部浴びられ、そのため人間は死水を与えられて死ぬ運命が授けられるようになり、一方で蛇は脱皮して生まれ変わり、長生きすることになる。それ以来、罰としてこの男は桶をかついで月の中に立っている。神はそれでも多少の若返りはさせてやろうと、毎年、節祭《シツ》の前の宵に天から若水を送ることになった。祭日の黎明には、井戸から若水を汲んで家族全員が浴びることになったという。

月の斑点を水を運ぶ人間とみる説話は、ユーラシア大陸の北辺を横切り、南は琉球の島々にも点在した。日本列島にもかつては同様の伝承が存在したことは、『万葉集』の歌からも推定できる。同系等の説話は沿太平洋的に分布している。

石田英一郎はそれらを比較して、変若水《シデ》と死水を月に求めようとする琉球の伝承こそ、水の汲みびと系等の説話の本質的な、そして原始的な形態と意味とを示唆する伝承であるとした（石田、前掲論文）。月の中に立っている「水汲み人」も、古くは若水を持つ人物であったろうということになる。

この説話は、脱皮再生をくり返すと考えられたヘビと、欠けてはまた満ちる不老不死の月との間に密接不可分な関係を見る、旧石器時代にまで遡るシンボリックな思考によって、人間の死の起源を説明している。石田氏が洞察したように、不死や若返りは月の信仰と分ち難く結びついているのである。オオクニヌシの死と復活の神話も、そのような信仰を背景としている。

月と水

中国、前漢の書物『淮南子《えなんじ》』の「天文訓」は、月が水や湿気を支配しているため、満月のときは魚類や貝類の肉も肥え草木も成長するが、月のない晦日《つごもり》にはこれらがやせ萎《しぼ》むと書いている。

月と水の不可分な関係も、遥かな先史時代人の精神生活に遡るものであろうと石田氏はいう。海から遠くはなれたところでも「月の水汲み人」の伝承は分布していて、この関係は海潮との関係だけでは説明できない。農耕以前の段階でも月と水の関係は認識されていたというが、それが特に重視されるのは農耕以後のことであろう。月が植物を繁茂させ豊穣をもたらす、したがって月は共同体の守護神であるという信仰は、世界的に広がっている。

「思うに動植物ごとに植物の生成発育にたいする水の恵を、不死永世・多産豊穣の女性原理の象徴としての月に帰せしめた原初の素朴な生命の欲求にもとづくものであろう」と石田氏はのべている。

月神の性別

月神の性別について、ブリフォールトは、まだ農耕を知らない段階の原始文化においては、月神はほとんど男性であり、これが人類として最も古い形であると指摘している。その理由は、月が女性の月経と関係があるため、月を女性たちの本来の「夫」と考えるからだという。一方、多少とも食物栽培を知る農耕民では、月を女性と考える傾向が強い（松前健「月と水」『太陽と月』小学館、一九八三）。

沖縄の伝承のなかの使者も、『万葉集』の月よみや月人壮士《つきひとおとこ》も、男性である。これらは月神が男神だった古い形を残しているのだろう。しかし農耕が始まってすでに久しく、海岸地方にツクヨミの伝承を残しつつも、日本の月神はすでに七、八世紀には男神から女神へと移っていたのではないだろうか。後述する『出雲国風土記』のキサカヒメは明らかに月の女神だが、そのことはまったく隠されている。記紀にはカミムスヒが天空にいるものの、農耕段階の女神の姿はほとんど見えてこない。それはイザナミが、月の女神としては完全に消されているためとしか考えられない。本稿ではできる限り月の大地母神イザナミを甦らせ、この女神が人びとにどれほど慕われていたかを明らかにしたい。

2　井戸尻の遺跡を通して〈大地母神の胎内〉を考える

井戸尻遺跡群の縄文文化

ここで、オオナムチがネズミ穴で死から甦る神話と、内容的に呼応する考古学的遺跡について考えたい。それは縄文時代の中期、本州の中部高地から西南関東にかけて展開していた民族と文化の中心舞台・八ヶ岳南麓の井戸尻遺跡群である。アワやシコクビエなどの雑穀農業を営み、宗教観念を共有し、同一の暦をもち、同じ言葉を話し、風俗習慣を等しくする人びとがそこには割拠していた。

この文化は諏訪湖盆地から天竜川の上流域と松本平、八ヶ岳山麓から茅ヶ岳山麓、甲府盆地東南縁の曽根丘陵から笛吹川上流域、多摩川上流域から多摩丘陵をへて相模川流域にいたる地域に広がり、富士を片方の眼に見立てた「富士眉月弧《まゆづきこ》」を形づくっている（図1）。

この文化については、縄文農業を主張した藤森栄一や、土器紋様に注目した武藤雄六が一九六〇年代から研究してきたが、ドイツの日本学者ネリー・ナウマンはその土器紋様に月の表象を読みとり、そこにある中心主題は〈死と再生〉であるとする論文「縄文時代の若干の宗教観念について」（『民俗学研究』39―4、のちに『哭《な》きいさちる神スサノオ』言叢社、一九八九に収録）を、一九七五年に発表した。ナウマンは自分の考察の根拠として、ドイツの学者カール・ヘンツェの説も引用している。一九八〇年代からは、井戸尻考古館の小林公明らによって縄文図像《ずぞう》学《がく》による研究が進められている。

花ひらく縄文時代中期の文化

この遺跡を、『山麓考古』（山麓考古の会）、小林公明「縄文土器の図像学——その太陰的な世界観」（戸沢充則編『縄文人の時代』新泉社、一九九五）、小林氏の執筆になる『長野県富士見町史』上巻第二章と第三章（一九九一）、および『井戸尻』第8集（富士見町井戸尻考古館、二〇〇六）などによって紹介したい。

井戸尻遺跡は、本州のほぼ中央、ゆるやかに傾く八ヶ岳南麓の広大な裾野がもっとも狭まった場所に位置している。前面を甲斐駒ヶ岳と鳳凰の山脈がさえぎり、それが尽きようとする南東の低みに玲瓏《れいろう》として富士が端坐している。その周辺には井戸尻をはじめ曽利《そり》、藤内《とうない》、九兵衛尾根《きゅうべえおね》など著名な遺跡が集中し、井戸尻遺跡群を構成している。いまからおよそ四〇〇〇年から五〇〇〇年前、そこには新石器時代（縄文時代）中期の文化が花開いていた。

その特色ある新石器文化はいま「井戸尻文化」と呼ばれ、その様相は近年の発掘調査や図像学的な研究によって少しずつ明らかになっている。これまで漠然と「縄文王国」と呼ばれていた八ヶ岳の山麓こそまさにその中心舞台であったことが、改めて浮き彫りになってきたのである。

縄文時代はユーラシア大陸から海で隔てられたあと、日本列島に一万年以上も続いた安定した

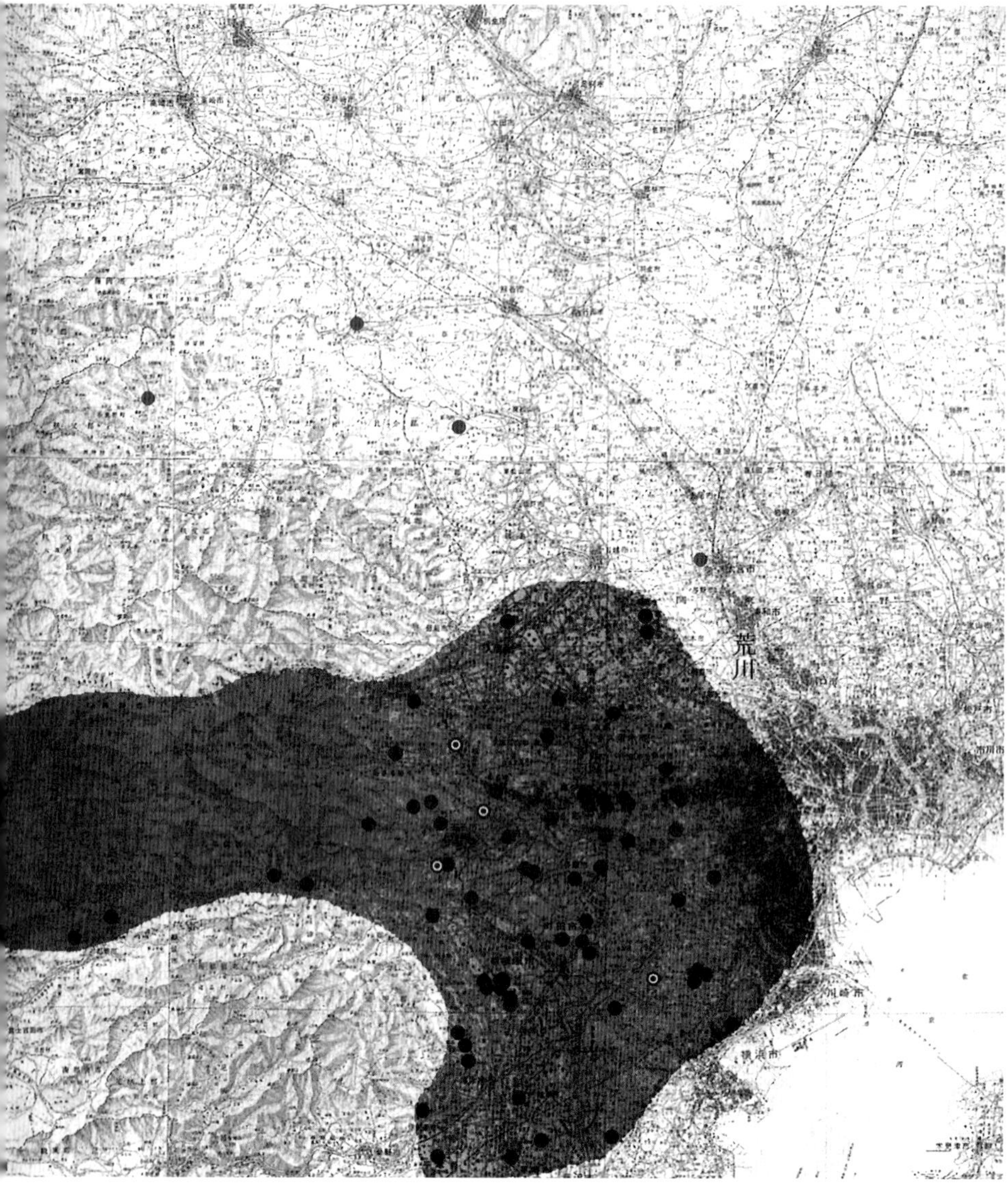
荒川

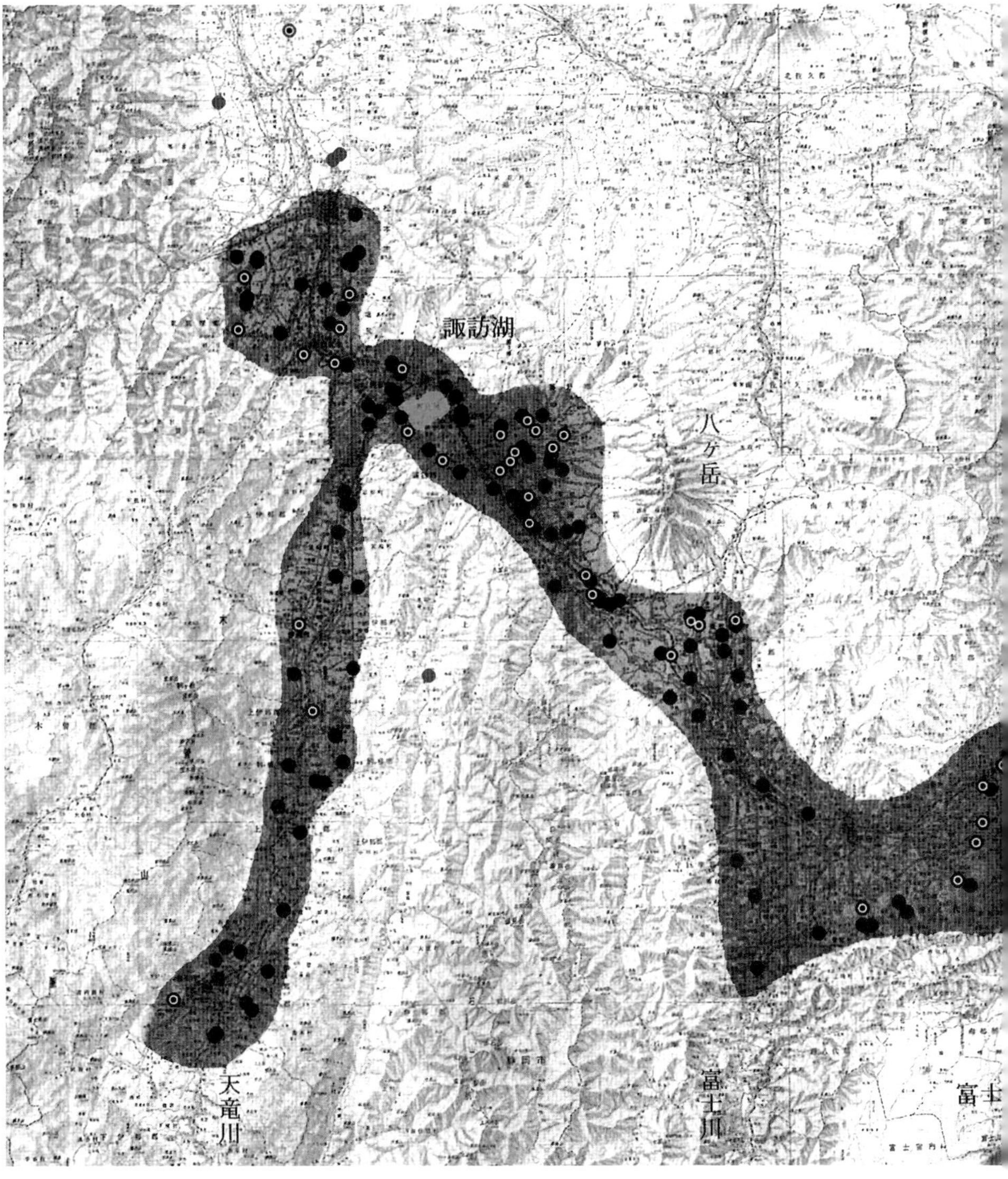

図１　九兵衛尾根期～曽利Ⅰ期の主要集落
◉は九兵衛尾根ないしは狢沢期から曽利Ⅰ期まで継続する集落

社会であり、この時代は早期・前期・中期・後期・晩期と大きく五つの時期に分けられている。中部高地においては、およそ六〇〇〇年前の前期から後期をへて晩期の終わりにいたる四〇〇〇年近くのあいだ、連綿として集落が継起し、星団のように遺跡群を遺した。ことにその中核的存在である井戸尻遺跡群には、「千年村」といわれるような長期にわたって営まれた村が数多くあり、神話がじっくりと醸成され、語り伝えられる条件がそろっていた。

住居の遺跡に注目する

井戸尻遺跡には精巧な紋様をほどこした大型の土器や石器、土偶をはじめ実に興味深い遺物が数多くあり、その土器造形はたんなる生活用具の域を超えている。きわめて彫塑的であり、蛙や蛇、人の顔など具象的なものを特徴とする。

わたしがここで注目するのは、中期後葉の曽利期に作られた住居の遺跡である。

この期の住居について、田中基は「曽利式期になると竪穴住居空間そのものが、女神の胎内となって、その内部で寝起きする縄文中期の人々を暖かく包み込んだと想像できます」「女神の胎内を示す竪穴は、住居空間として危険防止や温度の暖かさという機能的な役割とともにそれを超えた神話的な思考の表現でもあったと思います」とのべている（「呼吸する縄文家屋――母胎としての家」『縄文のメドゥーサ』現代書館、二〇〇六）。

家というものは生活手段としての住居とは別の顔をもっている、と小林公明もいう。家屋自体が命あるものとして小宇宙を形づくっていたのである。いいかえれば、当時の人びとが思い描く世界観がそこに凝縮されていたと思われる。この地域の前期の住居は一般に長方形ないし方形で、切妻式の屋根をもつ家屋が復元される。家屋の構造としてはこの方が簡素で、建築もしやすい。円形であることが生活の便に益している点も、見あたらない。しかし中期の住居は、円形である。これは当時の世界観によるものと、推察せざるを得ないという（『富士見町史』上巻）。

岡野氏は前述したネズミの呪文について、「実はこの呪文はなかなか味のある言葉で、『室祝《むろほ》ぎの壽詞《よごと》』としておそらく後々唱えられたものです。地下室、あるいは半地下式の室に生活している時代の人々にとって、自分たちの住んでいる室を祝福する言葉はとても大事な言葉でした」とものべている。住居はたんなる〈母の胎内〉ではなく、〈母神の胎内〉であったにちがいない。

当時の人びとの世界観がうかがえるのが、『井戸尻』第8集に写真入りで次のように紹介されている中期後葉の二つの住居址である。

〈母なる子宮〉としての住居

〈器物の墓場〉

下原《しもはら》遺跡の2号住居址では、多数の土器が潰れたり横倒れになって現われ出た。割られたものか、小さな破片や石器も多数出土した。また、およそ生活とは無縁な、大小の安山岩礫も多量に混じっていた。このような状態が床面まで続いていたのである。これらはまるで器物の墓場をおもわせる光景だった。

長軸五・四メートル、短軸四・五メートルで、入口が少しすぼまった卵形をしている。

大きな集落を調査すれば、二～三軒くらいの住居に同様なことが知られるが、これほどの事例はそうそうあるものではない。

〈母体としての住居〉（図２）

藤内遺跡の32号住居址は、長軸五・九メートル、短軸五・一メートルで、入り口が少しすぼまった均整のとれた卵形をなし、やや北側に寄って石囲炉がある。主柱穴は七本。内側は堅く締まっていて、柱を結ぶ外側の一段高くなった外区は堅くなく、小穴が不規則に見出される。

こうした住居は、井戸尻文化に特徴的なものである。しかも入口がすぼまったその形態は、子宮または女性器を象どった磨りうすによく似ている。そうしてみると、住居には本来の「住まう」ということ以外に、母胎もしくは女性器といった意味が重ねられていることが明らかとなる。

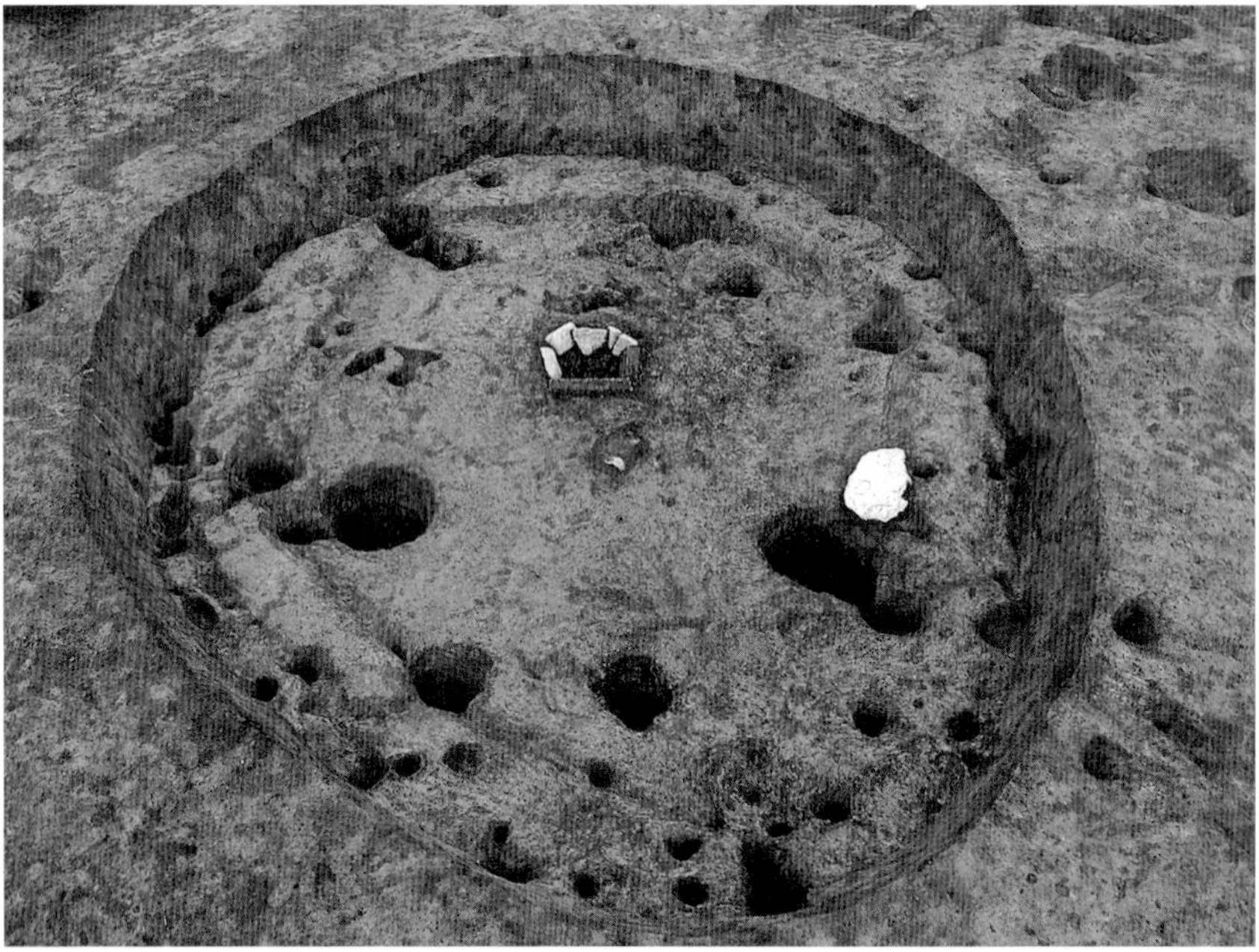

図２　藤内遺跡 32 号住居址

そしてここにもまた、多数の土器をはじめ多くの石器や礫が詰まっていたのである。この住居址を掘り上げた冬至の日の翌朝、住居の入口が朝日の方向に向いていることに気づいた。してみると、冬至の朝、よみがえった太陽の陽射しが女性器に擬せられた住居に差し込む。その光線によって感精し、葬られた器物の一切が再生するということではないだろうか。

月と太陽の神婚——太陽神イザナギの出現

冬至の朝、村の入口や家々の戸口に南東の方位から射しこんでくる朝日の光とともに起こるのは、大地母神の子宮と冬至の太陽光という精子の合体であり、婚姻である。大地母神が月母神でもあることを考えると、それはまさに月と太陽の神婚というべき瞬間である。当時の人びとはそのようにイメージしたであろう。このとき一年中で最も衰弱した太陽の光を胎内に抱き、甦らせ、回復に向かわせるのは大地の力、月母神の力なのである。

この冬至の朝の太陽光こそは、太陽神イザナギの出現だとわたしは考えている。地母神イザナミが天父イザナギを迎え入れる神婚の瞬間である。まさに日光感精神話であるが、記紀はともにそのことを語らない。

火も女神の胎内から発した

「入口が少しすぼまった卵形」とは、まさにオオクニヌシ神話のなかの「外《と》は統ぷ統ぷ」（外は締まっている）と共通している。そして入口をくぐると、「内は洞々《ほらほら》」という内部である。この建物が女神（母神）の子宮に見立てられていたことは、疑いない。潰れたり横倒れになったりして置かれていた多数の土器や礫は、母神の子宮のなかで死から甦ると考えられていたのだろう。

小林氏はいう。「これらの竪穴は、女性の子宮に擬せられていることになる。中の住人は、母親の胎内で暮らしているわけだ。その中央には炉がある。当時、火もまた女性の胎内から発すると信ぜられていた。（略）日本神話では、伊邪那美《いざなみ》の命《みこと》の胎内から火が誕生する。竪穴を子宮とみなすことは火の起源神話ともぴったり合う」（『富士見町史』上巻）。

二つの遺跡に共通する石囲炉（石で囲んだ炉）では、火を使って祭祀が行なわれたにちがいない。

松前氏によると、女性が体内に火をもつという神話は、他の火の起源神話とともに南太平洋に分布しているが、ほかの地域にはあまり見られない特徴的なものだという。同系列らしい神話は、遠い南米にも見出せる（『日本神話の起源』第三章、桜楓社、一九六九）。

集落全体が〈月母神の胎内〉に見立てられた

さらに驚くのは、母神の胎内に擬せられていた集落の姿である。小林氏は中期末葉の居平《いだいら》遺跡について、次のように記している。「この地点の集落の形は、一戸の巨大な家として設計されているのだ。冬至の朝、その入口から射し入る太陽の光りは、広場いっぱいに満ちる。すると、女性子宮に擬せられたこの空間に新霊《あらたま》が籠り、居平村の新しい新年の営みが始まるというのであろう。（略）おそらく、地下に眠る死者たちも、その朝に蘇るものと信じられていたにちがいない。」

ここにいう女性子宮とは、疑いもなく大地母神のそれである。住居と同じく集落もまた大地母神の胎内として造られ、住まわれていたのである。人びとはその胎内で生まれ、生き、死に、冬至の太陽の光とともに甦る生と死と再生の永遠の循環《サイクル》を生きていたのだ。後世と違って死者たちを集落の中央広場のまわりに葬ったのも、かれらの甦りを信じていたからであろう。そしてその循環は、月の満ち欠けのサイクルになぞらえられていたにちがいない。

井戸尻文化の全体像から考えれば、大地母神とはまぎれもなく月母神であり、その子宮とは月母神の子宮以外のものではなかった。

『井戸尻』第8集には、このような集落についての詳しい記述がある。

あたり一帯の中心となる母村的な集落は、南に緩く傾斜する尾根が蝦蟇蛙《がまがえる》の背のように膨らんだ場所に営まれる。何世代にもわたり様々な施設ができていくが、遺跡を調査してみると、きちんとした住み分けがされていることが知られる。

村の中心には広場があり、それが墓を囲み、さらに外側に高床式の建物が巡り、その周りに竪穴住居がならんでいる。典型的な集落では、これらが同心円的に配置され、その差し渡し八〇～一〇〇メートル。

冬至の日光が中央広場にさし射る

井戸尻遺跡群において、そうした環状集落の諸要素をよく示しているものに、中期末葉の居《い》平《だいら》遺跡がある。（図3）

径一六メートルほどのいわゆる中央広場があり、九〇基余りの墓群が整然と囲繞《いにょう》する。墓群の並びは、東南側が開く六角形をなし、その五つの角には径三〇～四〇センチの墓標柱を建てたと思しき柱穴が見出された。いずれの穴も一メートル前後と深い。墓が途切れた東南側は、広場への入口となっている。そこには対をなす門のような施設かとみられる柱穴群がある。

墓群の外側を、掘立柱《ほったてばしら》の建物がとり巻く。六本柱の一間・二間の長方形建物と、四本柱の一間四方の方形建物とがあわせて一七棟ほど確認された。

この建物址と同列もしくはやや外側に、一一軒の住居址が廻っている。別に、炉をもたない竪穴の小屋跡が二軒ある。そして、建物址や住居址の区域にも、七〇基ほどの墓が散在している。以上の総直径は、約六〇メートル。特筆されるのは、墓前に据えられていたいくつかの土器が遺され、五つの墓穴から六個の翡翠《ひすい》の飾り玉が出土したことである。

図3　集落のすがた　居平遺跡（笠原正夫　作画）

これらの景観で特に注目されるのは、中央墓群の跡切れた、広場への入り口である。実にそこは、冬至の日の朝、太陽の光が中央広場に差し入る方向なのである。それは冬至の日に死に、ふたたびよみがえった太陽の陽射しを受けて祖霊が、ひいては村が再生し、新年が始まるということであろう。

これも大地母神イザナミと太陽の男神イザナギの婚姻であり、日光感精神話が生成する場である。太古の人びとは、太陽は月の力によって守られていると考えていた。そのため太陽の陽気が衰えたときには、月女神に頼んで活力を与えてもらわなければならなかった。太陽は月の庇護のもとにあったのである。太陽の陽気がもっとも衰える冬至のころ、満ちる月は最も盛んで、天高く頭上を渡りゆくのだ。

人面付深鉢《じんめんつきふかばち》も〈女神の胎内〉に見立てられた

住居と村だけではない。中期中葉の遺跡から出土する土器のなかには、母胎に見立てられた一群の土器がある。口縁に立体的な人の顔がつけられた人面付深鉢である。「口縁に顔を頂くということは、土器全体が擬人化されていることを示す。（略）総じてこの類の器身はふっくらとして大型で、母胎に見立てられている」（『縄文土器の図像学』）。

同じく小林氏によれば、人面が土器本体の口縁にちゃんと付いた状態で遺されることはごく稀で、たいていは人面の部分だけが分離して、本体不明なままに出土する。最後に人面が欠きとられ、本体は壊されてばらばらとなる運命を負っていたわけである。「もともと月の子は、死せる朔月のなかより生まれてくる。光らざる暗月の内より、新月の光りが蘇生してくるのである。してみると、これは月の死と再生の模擬行為にほかならない」と小林氏はいう。「この種の土器も煤やおこげの付着、火熱による傷み具合などからみて、食物を煮炊きしたことは争えない。それも、特別な造形から推して、年一度の新嘗の祭りに用いられたのではないかと考えられる」(『富士見町史』上巻)。

新嘗の祭りとは、冬至の日の祭りである。

穂首刈りの模擬行為

小林氏はまたのべている。「人面の部分がもぎとられて保管されるのは、まさしく穂首刈りの模擬行為であったと推測される。穂首を刈られた母体は枯れて土に帰し、つぎの世代の肥となる。壊されてどこかに散らされる土器本体は、そうした作物の一生になぞらえられる。こうしてみると、人面付深鉢は作物の擬人的造形だと理解してさしつかえないだろう。ひとつ身で穀物の母神と穂に宿る神霊、その死と再誕生を演じている」(『縄文土器の図像学』)。

当時の収穫具である石包丁の写真が、『井戸尻』第8集にはたくさん載っている。円礫から割りとった石片の薄く鋭い刃を使うもので、半月形や紡錘形、長方形、両端にえぐりのあるものなど、さまざまな形態がある。これで雑穀の穂首を刈りとり、集落中央の墓郡を囲む高床式の倉庫に共同で保管したのだろう。

人面は稔った穀霊ワクムスヒである

ここで人面付深鉢の口縁の人面は何かという問題を考えてみよう。それはつねにほぼ三角形の綿帽子のようなものに包まれている（図4、図5）。

小林氏は「綿帽子に包まれた顔というのは、まさしく生まれ出ようとする月の子だと、見做さざるをえない」とのべ、人面付深鉢の全体を殺される食物神ウケモチまたはオオゲツヒメ、人面を種子の精霊ワクムスヒととらえ、また母神と稚児の関係をイザナミとワクムスヒとも考えている（『富士見町史』上巻）。また『井戸尻』第8集は、「人面は土器の器腹を母胎とする母である一方、そこから生まれ出る赤んぼう、同時に稚児であるといった多重性を帯びている」と書いている。

わたしは綿帽子をかぶった人面は母との多重性をもたず、刈りとられるばかりに稔った穀霊であると考える。穀霊ワクムスヒである。その顔を包んでいる綿帽子のようなものは、たっぷりした穀肉を包んだ穀殻であり、赤んぼうの穀霊を包む胞衣《えな》なのだ。

図4、5　人面の造形　曽利遺跡　口縁からの高さ8cm

三角形にも、朔の三日間からきた意味がある。ちなみにホノニニギがそれに包まれて天降ったと『日本書紀』本文が語る真床追衾《まどこおふすま》も、これと同じもので、やはり稔った穀肉を包む穀殼である。人面は新穀の祭りの終わりに欠きとられ、保管される。それは月母神に捧げられた生け贄の少年のシンボルであったろう。ワクムスヒは人面付深鉢のなかで煮られ、神との共食に際して人びとに食べられながら、新月の光として甦る穀霊なのである。

なお山本ひろ子は、諏訪大社の三月の酉の祭りのために選ばれた六人の少年＝「神使《おこう》」たちのなかに、「供儀としての聖童像」を見出している（「囚われの聖童たち」『いくつもの日本Ⅴ 排除の時を超えて』岩波書店、二〇〇二）。ちなみに諏訪盆地は、井戸尻遺跡群の北西部に位置する盆地である。

焼畑耕作を背景に

『日本書紀』第二の一書は、ワクムスヒ（稚産霊）はカグツチと土の女神の子で、その頭から蚕と桑、臍から五穀が成ったという。「火と土とからワカムスヒが生まれ、そこから五穀が生まれたとするのは、焼畑などによる農業の起源を説いたものか」と松村武雄はいう。ワカムスヒはワクムスヒと同一の神である。ツクヨミが殺したウケモチの神やスサノオが殺したオオゲツヒメなど、殺された神の死体から穀物が化生するモチーフは東南アジア、メラネシア、南米などに広がっており、焼畑耕作を背景にしていると考えられている。

わたしはスサノオが月のシャーマン王であることを別のところで書いたが(2)、スサノオは早々に姿を消したツクヨミに代わる月神でもあった。月の神や王による殺戮が人間に豊穣をもたらすというこのような神話は、豊穣を得るためには犠牲（生け贄）が必要だという、月の信仰文化のもつ観念を表しているように思える。また創造主であると同時に破壊者でもあるという、月神のもつ二面性を表している。

イザナミの母胎を象徴する土器本体も、やがて壊されて畑に撒かれたことだろう。『古事記』によれば火の神カグツチを生んでホトをやかれ、病みふせっているイザナミの尿から化生したのが水神ミツハノメとワクムスヒ（和久産巣日）だった。朔月のなかから生まれてくる新月の光のように、ワクムスヒは死のうとする母イザナミから生まれてきたのである。

月の稚児誕生

人面付深鉢には、月母神が出産しようとしている光景が描かれているものがある。山梨県の御所前遺跡から出土した、腹部と口縁に二つの人面をもつ深鉢である（図６）。小林氏はそれを、「月の子であり、新月の光りに譬えられる存在だと看取される」という。そして深鉢の口縁に戴か

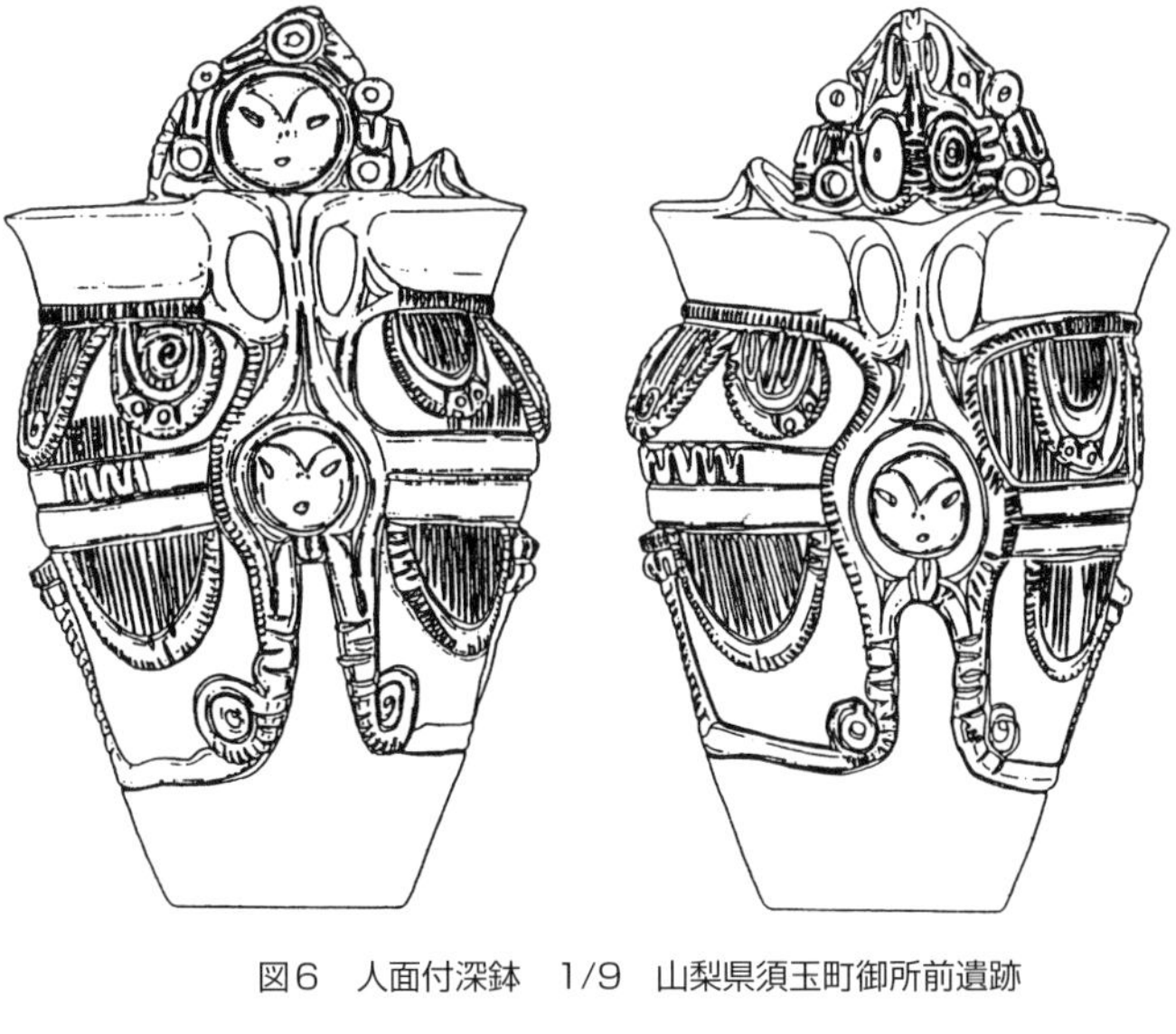

図６　人面付深鉢　1/9　山梨県須玉町御所前遺跡

れている人面は、「月の子に対して母というべき存在、すなわち月母神の姿であろう」とのべている（『富士見町史』上巻）。

わたしは口縁に戴かれている人面は母ではなく、穀霊ワクムスヒであると考える。一方母神の腹から顔を出しているのも同じく穀霊ワクムスヒであるが、稔った穀霊ではなく、生まれたばかりの穀霊としてのワクムスヒである。これは口縁の人面ほどふっくらした三角帽子をかぶっていない。膜のようなもの（胞衣あるいは穀殻）に包まれているだけだ。小林氏が指摘するように、これは新月の光に譬えられる月の稚児であろう。

穀霊は井戸尻遺跡群において、月母神から生まれる童神の頭部だけでなく、礫、石にあけられたたくさんの小さな穴、イノシシの幼獣とりわけその下顎骨など、さまざまなものによって表現されている。穀物の穂の部分を石器で掻きとるようにして収穫したことから、子どもや頭部の重視が起こったと考えられる。日本には古くから神聖な存在が幼児の姿をとって現れるという信仰がある（『民俗学辞典』）が、その原型がここにある。

この世界観は、類似による連想や模倣に基づく象徴、比喩、対応などを用いて、さまざまな紋様や図柄、神話によって表現され、代々伝承されていった。

生け贄の少年のシンボル

生け贄についていては、『神話伝説辞典』が次のように書いている。「神の死体から穀物の化生する話は、諸外国の神話にも多く見出され、フレーザーなどにより、農耕祭儀において穀霊・穀神を体現して殺される、人身御供の習俗から出た話であろうと説かれている。」

ロバート・グレーヴスはギリシア神話のデュオニュソスのなかに、かつて月の女神セメレーの祭りで生け贄にされる運命にあった少年を見出している。新月の女神セメレーの息子であり、蛇の冠をかぶった角のある子どもデュオニュソスは、八つ裂きにされ大釜で煮られながら甦った植物神であり、ブドウの神である。かれは女神たちの庇護のもとに成人し、ブドウの樹をたずさえて世界へとさまよい出た。そして世界のいたるところで自分への信仰を勝ちとり、ついにオリュンポス十二神の一人となった（高杉一郎訳『ギリシア神話』上巻、紀伊国屋書店、一九六二）。

童神ワクムスヒは『古事記』によればトヨウケビメを生むまで生きのびた（つまり成人した）ようだが、女神たちに愛されて何度も甦り、ついに出雲の王になるオオクニヌシは、まさにデュオニュソスに比すべき童神・植物神・農耕神なのである。

人面香炉形土器も〈女神の胎内〉に見立てられた

井戸尻文化は中期前葉の藤内・井戸尻期に頂点をきわめたが、それと中期後葉の曽利期との端《は》境《ざかいき》期に、大型の人面香炉形土器が現れる。これは油脂を灯した夜の神事用のランプで、内側が真っ黒に焦げているものが多い。これも人面深鉢と同じように、土器本体が女神の胎内に見立てられる。そこから神聖な火が発する。この土器の造形に火の起源神話をみてとったのは、田中氏である（「メデューサ型ランプと世界変換」田中、前掲書）。

「いっぽう裏側は、手の裏を返したように不気味なつくりとなっている。直感的に人は、されこうべの暗い眼窩を思い浮かべるにちがいない。（略）人面深鉢の造形と同じように、この洞内も暗い月が三日間籠もるところである。そこから誕生する火は、新月の光りに譬えられる。火でさえも、太陰的世界観に組み込まれている」（『井戸尻』第8集）。

母神の女陰から火神が生まれる話は、メラネシアや南米などに見られる火切臼と火切杵を用いる発火法、すなわち火を体内にもつ大女神の神話とも共通な観念をもっている（『神話伝説辞典』）。フレーザーが指摘したように、火切臼を女体と見立て、火切杵を男根と見立てて、杵の回転により臼が火を発することを神話化したのであろう。

近年北海道小樽市の忍路土場《おしょろどば》遺跡から縄文時代後期に属する火切石の断片と火切杵とが発掘されて、この方法が日本でも新石器時代から行なわれてきたことが判明した（『富士見町史』上巻）。

国生み神話の位置づけ

記紀は創世記のはじめに（イ）オノコロ島生成、（ロ）二神の成婚、（ハ）大八洲の出生を語っている。異伝によってはこのほかに（ニ）瑞穂の国を治める神勅と、（ホ）ヒルコ出生の話が付加されている。イザナギとイザナミはまぐわいのあと、島々を生むのである。

この国生み神話について、三品氏は「東南アジアからポリネシアにかけてみられる創造型神話に類する節々が認められ、その素材的に源流するところは古い文化層に属するとしても、記紀体系への取込みは新しいとしなくてはならない」とのべている。また（ニ）はまだ国土がまったく存在しないときに「瑞穂の地」云々というような不手際を残していて、最も新しい付加要素である。（ホ）のヒルコの話はその在り場所が安定していず、遊離要素である。（ハ）は大八洲の名前からして、大和政庁の支配力が遠く越の地方・佐渡島まで延びた時代の国土観念に応ずるもので、最終段階に構成されたものである。（イ）のオノコロ島生成の話は比較神話学で潜水モティーフ型と島釣型の二つに類別されて比較されているもので、後者との近似率が高い。『出雲国風土記』にみえる国引き神話も、この系統の変種と考えられる。いずれにしても古い神話要素であるが、この段の物語は別系の古い要素と新しい要素が組み合わされていて、しかも充分に融合していない。それにたいして神々がカグツチを斬ることから化生するなど、神々が化生する話については、「その方が古代観念にふさわしい」とのべている（「記紀の神話体系」第六節、論文集第一巻）。

国産み神話は、眼前に淡路島を望む難波に都がおかれていた五世紀の河内王朝時代に、ヤマト政権の神話に組みこまれたのではないだろうか。二神の結婚や神々と化生とは、「別系」の要素として考えるべきだろう。

ムスヒの神――古いユーラシアの神々

火の神カグツチは、ホムスヒノカミ（火産霊神）とも呼ばれる。ムスヒとは草や苔のように、ふえ、繁殖する意味であり、生物がふえていくように万物を生みなす不可思議な霊力をいう。後世、「結び」と関係づけて解釈されたが、意味上も、清濁・アクセントの点からも起源的には関係ない（『古語辞典』）。

本居宣長は『古事記伝』においてこれを、「凡て物を生成《な》すことの霊《くすび》なる神霊」と考えた。物がおのずから生成する不思議な力の神格化であろう。「苔むす」という言葉に表れているように、このような神霊観は植物的な生成観である。

記紀のムスヒの神々のうち、タカミムスヒは天空の神で天孫族の指令神であり、高木の神でもある。カミムスヒは出雲の指導的な女神、ワクムスヒは若々しい穀物の霊、ホムスヒは穀物の芽生えをうながす焼畑の火の神である。

これらの神々、とくにタカミムスヒの原郷が北方ユーラシアにあり、ヤマト政権はタカミムスヒからアマテラスへの始祖神の転換を行なったという溝口睦子の説（『王権神話の二元構造』吉川弘文館、二〇〇〇、および『アマテラスの誕生』岩波新書、二〇〇九）に、わたしは基本的に同意する。しかしムスヒの神々の日本への伝来は、溝口氏のいう五世紀よりはずっと早い時代だったのではないだろうか。その神話に、樹木崇拝やアワなどの雑穀栽培の記憶が刻印されているからである。スサノオが殺したオオゲツヒメの身から、カミムスヒ御祖命《みおやのみこと》がとらせて種としたと『古事記』のいう稲種《いなだね》も、陸稲だったと思う。ムスヒの神々は上田正昭が明らかにしたように、朝鮮半島と対島をへて日本にきたにちがいない（『日本神話を考える』小学館ライブラリー、一九九四）。

イザナギのカグツチ殺害と火山の噴火

イザナミを失ったイザナギは悲しみのあまりカグツチを斬り殺すが、剣についた血および火神の体から神々が化生する。『古事記』では血が岩にほとばしり、イワサク、ネサクその他もろもろの神が生まれ、さらに火神の頭、胸、腹、陰所、左右の手、左右の足にそれぞれマサカツヤマツミノカミ以下八種のヤマツミノカミ（山津見神）が化生する。『日本書紀』の伝承もだいたい大同小異である。これらは火山の爆発を表したものであろうという説は多く、今ではほぼ定説になっている。血から岩石神、雷神、水神などの化生する話も、噴火に伴う火山弾、雷雨などの現象の神話化であると考えられよう（『神話伝説辞典』ほか）。

『井戸尻』第8集も、火山の噴火を重視している。「火の誕生つまり火山の活動を契機として、この世に死がもたらされ、殺害がはじまる」とのべ、富士山が現在の山容を整えたのはおよそ五〇〇〇年前であり、当時の人びとは日々火山の噴火を見ていたはずだという。「いったい数万年前の旧石器時代より、列島の先住民は、大量の灰を噴き散らす火山の猛威の下で生活してきた。火山活動は山野を焼き尽くし、溶岩と降灰が大地を更新し、いつしか新たな草木が育まれる。それは、人々の眼底深く焼きついてきたことだろう。焼畑農耕は、火山活動の応用ともいいうる」とのべている。

松村達雄は火山と女性との関係について、「ホド・ホトと呼ばれるもの（噴火口・炉・竈・女陰等）が、みな元来『火処《ほと》』から出て、熱気あるものを称する名であって、地母神の陰所灼かれという神話も、噴火口の熱気と陰所の熱気とを同一視したことによるのであろう」とのべている（『日本神話の研究』第二巻、培風館、一九五五）。

イザナミは日本の大地母神である

生きて産み、死に瀕してもなお産みつづけるイザナミの子産みは、数においても質においても圧倒的である。イザナギも黄泉の国から帰ったあと、禊《みそ》ぎをして単独で多くの子を生むが、物ざねや眼や鼻から生むだけだ。しかもイザナミは火の神カグツチを生んで焦《や》かれて死ぬとき、その最も大地母神的な豊穣さを発揮するのである。イザナミは根の国へ行っても、その霊力を失わない。死に瀕したオオナムチを母胎に抱き、スセリヒメの助けなしに救うだけの霊力をもっているのだ。オオナムチのネズミ穴からの生還の物語は、イザナミの霊力が出雲にまで及んでいることを伝えている。

そう考えると、月母神でもあるイザナミが日本の大地母神であることが見えてくる。イザナミは豊穣な大地そのものであり、万物の生と死と再生を司る女神なのである。日本における大地母神の観念は、決して残存的なものではなかったのだ。

イザナギ・イザナミが天父・地母であることは、松村氏によって明らかにされて（『日本神話の研究』第二巻）、ほぼ定説になっている。また松前健氏は、イザナミは月神的な性格を原初的にはもっていたのではないか、したがって二神は原初的には日月の夫婦神であったのではないかと推察している（『日本神話の新研究』および『日本神話と古代生活』有精堂、一九七〇）。

いま、二神の神婚神話がじつは冬至の日の日光感精神話であることが、井戸尻の遺跡から見えてきたのだ。

冷遇されてきたイザナギ・イザナミ

イザナギ・イザナミはともに日本の国土を生み、『日本書紀』本文によればアマテラスの実の父母であって、ヤマト政権の始祖神として最もふさわしい神々なのである。

それにもかかわらず、二神は古代宮廷では冷遇あるいはほとんど無視されてきた。記紀の神代以外の部分では、イザナギは『日本書紀』の二カ所だけに、何れも淡路島の恐ろしい祟りの神・怒りの神として現れる地方的な地主神にすぎない。『延喜式』の祝詞においても、鎮火祭の祝詞で火の神ホムスヒの誕生の由来を説く必要上二神の名が出てくるだけで、祭祀の対象とされているのではない。『新撰姓氏録』にも、イザナギ・イザナミを祖神とする氏族はまったくない（岡田精司「国生み神話について」『古代王権の祭司と神話』塙書房、一九七〇）。

その冷遇の理由は、何よりもイザナミが月母神であることにあったと思う。記紀はひと言も書かないが、そのことはあまりにもよく知られていたし、それ故にイザナミは慕われていたのである。ヤマト政権が溝口氏の説くような皇祖神の移行・転換を図ったのは、真の神話的始祖であるイザナギ・イザナミ、ことにイザナミを消去するためだったと考えられる。イザナミに対抗するためには、人格神以前のタカミムスヒや出雲のカミムスヒではなく、どうしても魅力的な女神が必要だったのである。

アマテラスを母のイザナミから切り離す

イザナギは白銅鏡《ますみのかがみ》から三貴子を生み（『書紀』第一の一書）、あるいは黄泉の国から帰ってミソギをしたとき眼や鼻から三貴子を生む（『書紀』第六の一書、『古事記』）ともされる。後者は中国の盤古説話と似ていると指摘されているが、このような間接的な子生みは、皇祖神にするアマテラスをイザナミから切り離し、その母子関係を断ち切るために作為されたと考えざるを得ない。それでも『日本書紀』は、二神が相談して一緒に三貴子を生んだという、本来のものと思われる伝承を本文に記している。

3　民話からオオクニヌシを考える

「鼠浄土」が語る〈月母神の胎内〉

ここで視点を変えて、「鼠浄土」という民話に隠れているオオクニヌシについて考えてみたい。民話はしばしば古い神話の記憶を伝え、根源的な歴史との触れあいを可能にする叙事的なモメントを封じこめているからだ。この民話には、ネズミを神の使い、福をもたらすものという常民が抱いていたイメージが、最もよく表れている（『日本昔話事典』弘文堂、一九七七年）。

五来重は、「鼠浄土」の昔話は、オオクニヌシがネズミに助けられてスサノオの試練を乗りこえる『古事記』の神話に根源があると考えている。「根の国の素戔嗚尊（須佐之男命）の許へ、大国主（大穴牟遲神）は鼠の穴から入ったというのが、『古事記』の大国主命神話であると、私は解している。大国（大黒）さまと鼠といえば切っても切れない因縁があるのは、この神話に根源があるとおもう。（略）鼠は大国主命の嫁、須勢理毘売《すせりひめ》の化身と解することもできる……」とのべている（『鬼むかし──昔話の世界』角川書店、一九八四）。

「鼠浄土」は子どもにも人気のある民話で、わたしも子どもの頃講談社の絵本で読んで好きだったのを覚えている。お昼になり、お爺さんが畑仕事をやめておむすびを食べようとすると、おむすびが穴にころがり落ちてしまう。すると穴のなかから、「おむすびコロリンコロリンすってんてん」というネズミたちの声が聞こえてくるのだ。もう一つ投げてやると、また聞こえる。お爺さんはおむすびをみんなネズミにやってしまった。「おむすびころりん」とも名づけられて変話《ヴァリエーション》の多い民話だが、ここでは『神話伝説辞典』に載っているものをあげよう（傍点は引用者）。

地下訪問によって財宝を獲得する昔話。善悪二人の爺を対置し、隣の爺が真似して失敗するので隣の爺型とも呼ぶ。爺が蕎麦焼餅をもって畑打ちに行き、畑を打っていると鼠が一匹ちょろちょろ出てくる。そこで焼餅を半分やると、また出てきたので残りを投げてやると、今度は親鼠が出てきて礼を言い、自分の家に来てくれと言う。目をつぶって鼠について行くと、立派な座敷の中に来ていた。子鼠どもが出てきて礼を言い、御馳走になった上に金をもらう。隣の爺もまねして鼠の家に招かれる。御馳走を食べながらあたりを見ると、鼠が臼に黄金を入れて、「猫の声は聞きたくない」と歌いながら搗いているので、その黄金ほしさに猫の鳴声の真似をすると、鼠どもはみな逃げて真暗になる。気がついてみると、畑の中で鼠の穴に頭をつっこんでいた。日本の古い信仰では、地の底海の底に楽土を考え、これを根の国とも竜宮とも考えていた。しかも地底の国はしばしば海の向うの楽土にも通じ、いずれも我々の世界とちがった豊かな浄土であった。鼠の出没が異郷との往来を思わせるところから、根の国が子の国と考えられるようになったのではないか。あるいは逆に鼠の国から根の国の文字をあてるようになったのかも知れない。

地蔵浄土・鬼博打

地下の世界で鬼が博打をはじめたので、爺さんが地蔵様の入智慧によって鶏の鳴真似をすると、鬼は金銀財宝、宝物を置いて退散したという話は、地蔵浄土・鬼博打などと呼ばれている。

五来氏はのべている。「鬼の原像である素戔嗚尊は、生太刀《いくたち》、生弓矢《いくゆみや》と天の沼琴《ぬごと》（瓊琴《たまこと》）という宝物を持っていて、オオクニヌシはこれを盗んで、黄泉平良坂《よもつひらさか》を抜け出してこの世に帰ってくる。これは、鬼の宝物の白米や銭や宝を爺さん婆さんが盗んで帰るのとおなじモティーフである。（略）他界往来の通路には鼠穴のほかに洞窟もあり、井戸というのもあるが、『昔話の地獄白米（地蔵浄土、鼠の浄土）』型では、圧倒的に鼠穴とするのが多い。（略）これがこの型の昔話の本質的な部分だからである。」「鼠穴が他界往来のモティーフになるのは、素戔嗚尊神話から出たためだろうとおもわれる。」

ネズミ穴は月の光に満ちていた

この物語には、たいていネズミが臼で黄金をつく、餅をつくなどという話が入っているが、〈つく〉は月の古形であり、上代東国方言である（『広辞苑』第四版、岩波書店、一九九一）。〈つく〉は月の暗号として考えていいと思う(2)。

ネズミ穴が他界往来の通路だということだけでなく、ネズミが逃げたあと辺りが真っ暗になるのも、この昔話の本質的な部分だと思う。それまで辺りは明るかったわけだが、焚き火や松明などが照らしていたとはいわれない。暗かった穴に射しこんでいた光が消えたとも語られない。この光は、冬至の太陽光のような外から射しこんだ光ではないのだ。

一章でのべたようにネズミが月中の動物だとすれば、ネズミの住むネズミ穴は月の世界である。月母神の胎内と考えていい。人工の光がなくてもそこが明るいのは、月の光がいっぱいに満ちているからだ。ネズミ穴はもともと明るい世界なのであり、浄土とは月の世界のことなのである。

この民話は、オオクニヌシがネズミのお陰で生還して宝物を手に入れるという神話を、情けぶかいお爺さんへのネズミの恩返しとして後世に伝えたのである。穴にもぐって火事を生きのびるネズミを長年観察してきた人びとの経験も、そこには籠められているにちがいない。

この民話は、日本人にとって浄土とは月の世界であり、月母神の胎内であることを物語っている。そればかりでなく、ムカシムカシアルトキのなかに封じこめられていた力が解放されるとき、月の光に満ちていた浄土が甦ることを、この民話は暗示しているように思われる。そしてこのことは、まさに神話についていえることなのである。

4　イザナミの出雲への移住・イザナギとの別れ

イザナミの出雲への移住

それにしても、なぜイザナミ大母神は出雲に出現するのだろう。三品氏は「『根ノ国は出雲なり』とする古い学説があるが、これを若干補正して、出雲は古い型の地的宗儀を後々まで伝承して来た地方であるといい添えるならば、より一層古代的現実に近い理解を得ることができよう」とのべている（前掲「銅鐸小考」）。黄泉の国が根の国であり、根の国が出雲であるとすれば、死後のイザナミが出雲にいるのは当然ともいえるのだが……。

わたしはある時期、おそらく縄文時代の末に、イザナミを奉じる人びとが中部高地から北陸をへて、出雲に移住したという歴史的事実があったのではないかと考えている。もちろんそれは何度にも分れて行なわれただろう。

地球の寒冷化の影響——父権制の南下

安田善憲の発掘研究によれば、今からほぼ四二〇〇年前に気候の大変動があり、地球が急激に寒冷化・乾燥化した。それによって黒海沿岸やカスピ海沿岸に住んでいたとみられるプロト・インド・ヨーロッパ語族（インド・ヨーロッパ語族の原型となる民族）と、漢民族の祖先に連なる畑作牧畜民の二つの民族が、爆発的に拡大と移動をはじめた。前者はインドにまで侵入してインダス文明を崩壊させたが、畑作牧畜民もこの寒冷化に伴って南下してきた（『環境考古学のすすめ』丸善ライブラリー、二〇〇一）。

畑作遊牧民は家畜の繁殖における雄の役割を知り、早くから父権制を発達させた人びとである。大陸における民族大移動の人的・文化的影響は、北陸をへて井戸尻文化を次第に変容させていったのではないだろうか。

日本海を南北に移動する北からのリマン海流と南からの対島海流は、北陸地方をユーラシア大陸や朝鮮半島に開かれたものにしていた。森浩一は大陸文化を日本に伝えた四つの主要ルートを復元し、そのうち日本海沿岸を主な目標地とする「朝鮮半島北部・沿海州（蒙古・中国東北を含むことがある）」のdルートが特に重要だとした（『日本海の古代文化と考古学』『古代日本海文化』小学館、一九八三）。文化とともに、人ももちろん移住してきたのだ。

ちなみに後述する男根形石棒は、中部高地や関東地方に先んじて、北陸に有頭のものが早く出現している。鍔《つば》状の隆起をつくり出すことによって亀頭部を表現し、そこに女性器を意味するらしい彫文をほどこすなど、凝った作である。全体として大型で、長さ一メートル前後、最大径二〇センチメートルに達する例が知られている。武藤雄六は、雑穀と麦作の伝統の地であった黄河上流域から出土する約五〇〇〇年前の「石祖《せきそ》」が、麦作農耕文化に伴って伝わってきたものと推定している（『富士見町史』上巻）。「祖」は、明らかに父系の祖先を意味している。

また江守五夫は、西国─京都の公家を中心として広く見られる「一時的妻訪婚《つまどい》」、いわゆる招《しょう》婿《せい》婚が日本の婚姻形態だったという定説は、北陸には一般的には当てはまらないと指摘している。嫁入り婚だったという説である（「文化人類学的立場からの『日本海文化』の研究意義──婚姻形態に焦点をおいて」『日本海文化の古代　源流と発達』大和書房、一九八五）。

弥生文明をもたらしたボートピープル

そのあと三〇〇〇年前にもう一度著しい寒冷化が訪れる。このときさらに激しい畑作牧畜民の拡大があり、これが長江文明を崩壊させてその難民が日本に稲作をもたらした。長江流域で生活していた稲作漁労民は畑作牧畜民に追われ、一部の人びとが雲南省や貴州省へ行き、一部の人びとがボートピープルになって日本にやってきた。貯貝器の蓋の表面に彫金された女性の様子から、長江文明は女性中心の社会であった可能性が高いという（安田、前掲書）。

一方、近年土器についた炭化物を「炭素14年代測定法」で調べる研究により、弥生時代はこれまでの通説より五〇〇年ほど遡って、三〇〇〇年前ぐらいから始まると考えられるようになった。長江文明の一派は直接、また朝鮮半島をへて、日本に水田稲作と金属をふくむ弥生文明をもたらしたと考えていい。さらに（おそらくそれ以前に）、大野晋が主唱するタミルの文化複合（水田稲作・機織・金属・基礎語・文法など）の伝来が考えられる。四二〇〇年前につづく三〇〇〇年前の寒冷化は、インド亜大陸をも襲っただろうからである。

弥生文化は縄文文化とは別系統の文化だが、やはり月を崇め、動物供犠を行なう習慣をもっていたとわたしは考えている。弥生人にとってもイノシシは重要な狩猟獣で、複数のイノシシまたはブタの下顎技に孔をあけて、棒または紐で連ねたものが出土している。稲作とともに中国起源とみられる新しい動物供犠がはじまったと考えられている（『日本考古学事典』三省堂、二〇〇六）。西日本に多い、亥子《いのこ》行事につながるものとわたしは考えている。

イザナミは縄文の女神であり、オオクニヌシは弥生の神のようにみえる。そのあいだには、イザナミを慕って出雲にきたともいえるスサノオの時代がある。スサノオはおそらく、シャーマニズムと製鉄技術を体得した朝鮮半島の神と習合していただろう(2)。だがここでは、歴史年代には捉われずに話を進めよう。

出雲東部はイザナミの勢力圏だった

『古事記』はイザナミを出雲の国と伯耆の国の境の比婆《ひば》の山に葬ったと書き、ヨモツヒラサカは「今、出雲国の伊賦夜《いふや》坂と謂ふ」とのべている。伯耆の国は今の鳥取県であり、出雲の東部にあたる。出雲とイザナミの関係は意外に深そうだ。

千家尊統によれば、出雲東部にはイザナミを祀る神社が多いという。「出雲ではこのイザナミノミコトを祭る神社が、大庭《おおば》の大宮といわれる神魂《かもす》神社、伯太町の比婆山神社、佐陀附近の加茂志社のように、東部に多いということがまず注目される。」そして『古事記』がヨモツヒラサカだという出雲国の伊賦夜《いふや》坂とは、八束郡東出雲町の揖夜《いや》神社のあたりをさしているという。「出雲の東部は、イザナミノミコトと関係ある土地やミコトを祀る神社が多く、いわばイザナミノミコトの勢力圏を形成している」と氏はいう（『出雲大社』第二版、学生社、一九九八）。

出雲東部にある中海の沿岸地帯は肥沃な沖積低地で、農業を発展させる条件は十分に備わっていた。その上静かな中海は、漁業や航海の技術を人びとの身につけさせてくれる。意宇川流域に多くみられる古墳分布や出雲国丁址の推定地などは、どれも古代出雲の文化の中心地がここであったことを裏づけているという。

出雲と越との深い関係

『出雲国風土記』は、イザナミノミコトのとき日淵川をもって池をつくり、そのとき古志の国の人等がきて堤をつくり、やがて住みついたと神門郡の条で語っている。出雲市古志の地名起源である。別のところにも書いたが(2)、わたしは以前からこの記述に注目している。高天原系の神々や天皇について最小限にしか書かないこの風土記が、わざわざ「伊弉奈弥命《いざなみのみこと》の時」と書くからには、なにか理由がなければならない。

この風土記には、出雲と越（現在の北陸地方）との深い関係が六カ所にわたって書かれている。たとえば意宇郡母里《もり》の郷《さと》の条には、オオアナムチが「越の八口《やくち》を平《ことむ》け」たとあり、嶋根郡美保の郷には、オオクニヌシが越のヌナガワヒメと結婚して生んだミホススミが座《いま》すと書いている（日本古典文学大系『風土記』岩波書店、一九五八）。ヤチホコの神（オオクニヌシ）が遠い高志の国にヌナカワヒメ（ヌナガワヒメと同一のヒメ）を訪ねて恋歌を唱和し、翌日結ばれたという話は、『古事記』のなかの美しくも官能的な歌物語である。ヌナカワとは姫川を指すが、後述するように姫川産のヒスイは出雲大社の社宝の一つである。

風土記の国引き神話によると、高志（越）から国を引いてきたのがとりもなおさず美保である。出雲と越とは日本海を西から東へ流れる対馬海流で結ばれていて、美保の先端は古代から目印としての役割を果たすに十分な地形であり、実際の交流もあったと思われる（瀧音能之『図説　出雲の神々と古代日本の謎』青春出版社、二〇〇七）。

松江の南方には北陸の越人の来往したことを暗示する古志原があり、また松江の西北には古志という字名《あざな》があるという。

出雲大社が高層であることに注目した瀧音氏は、諸氏の論を検討しつつ「出雲大社が高層であるのは、縄文晩期のころから北陸などにみられる巨木文化の系統をひいていること、また、そうした巨木文化が時代や地域をこえて日本海沿岸地域に伝播していく背景に潟湖を拠点とした海人たちの営みがあった」ことを明らかにした（「出雲大社の高層性の意味」島根県古代文化センター編『出雲国風土記の研究Ⅲ』二〇〇七）。中部高地に位置する諏訪もまた、巨木文化の栄えた地である。

一方安田氏は、長江文明と鳥取県淀江町角田遺跡出土の弥生土器の図柄の共通性から、越前、越中、越後など北陸の米作地帯は、長江の下流域から対馬暖流に乗って越人がやってきたところではないかと推定している。そこはまた、玉を愛した長江文明の人びとを魅了するヒスイの産地でもあった（安田、前掲書）。

イザナミは海路で出雲にきた

北陸は大陸文化の父権化の影響をいち早く中部高地に伝えた地であるとともに、その後弥生文明の影響をもいち早く受けた地であったと思われる。しかし中部高地はすでに寒冷化していたし、水稲作には適さなかった。イザナミを奉じる人びとはある時点で中部高地を捨て、北陸地方を通り、あるいはそこに一定期間留まったのちに、灌漑技術をもつ越人たちを連れて海路で出雲東部にきたのではないだろうか。

松前氏は、霊が海洋を越えて彼岸の世界に行くという世界的な考え方を根底として、黄泉の国もかつては海洋的性格を帯びていたと考えている（『日本神話の新研究』第一章㈡）。そしてイザナミとイザナギが行った冥府は、「記紀においては殆んど海洋性は残ってはいないが、原初的なその物語では、おそらく海洋的要素がもっと濃いものであったらしい」とのべている（『日本神話と古代生活』第五章）。

五章でのべる佐多神社のカラサデ祭りが、海から迎えた神々を海へ送り出すことから考えても、イザナミ勢は海路で出雲に渡ったとわたしは思う。その出航地は、おそらく能登半島だった。美保を目印にしながら美保湾岸に上陸して（ここには弓ヶ浜＝夜見ヶ浜＝黄泉ヶ浜がある）、八束郡東出雲町の揖夜神社のあたりでイザナギ勢を追い返し、イザナミの遺骨（と見做したもの）を葬ることは、大いにあり得たことだろう。

出雲のもつ東国的・縄文的特徴

いくつかの指標が、出雲と東国との古い関係を示唆している。網野善彦は、東国の言語的特徴が九州または山陰に分布することが多いという馬瀬良雄の研究を紹介している。また、産後の胎盤―エナの埋め方の東西のちがいについての、木下忠《ただし》の研究を紹介している。それによると、エナを戸口に埋める習俗と産室の床下・縁の下に埋める習俗があり、前者は縄文以来、後者は弥生時代の風習にその根をもち、とくに後者はお産や月経の穢れを恐れる血忌《い》みの習俗と深いつながりをもっている。前者は南関東・長野を中心に東北・中部―東日本に分布するのにたいして、後者は西日本を広くおおっているが、出雲地方だけは例外的に前者の習俗をもっているという（『東と西の語る日本の歴史』講談社学術文庫、一九九八）。

これらの特徴は、かなり古い時代における出雲と東国との関係を示唆している。

出雲西部はオオクニヌシの勢力圏だった

イザナミノミコトのとき日淵川をもって池をつくったという出雲市古志町は、出雲西部の出雲平野にある。千家氏によれば、古代の出雲平野はともすれば洪水があふれる芦原をなし、耕作することが容易でなかったという。そのため人も住みつきにくかったらしく、風土記に記されている古い神社は出雲平野のような広田のある地域にはない。

その出雲郡、神門郡の水田地域は大穴持神（オオクニヌシ）の勢力圏をなしていた。オオクニヌシはアシハラシコオ（芦原のいかつい男）という別名をもっている。千家氏のいうように、出雲市古志町は「意宇の古志人たちの二次的な移住であった」のだろう。

父系の大地母神にも愛されたオオクニヌシ

オオクニヌシはイザナミの胎内で死から甦ったばかりでなく、イザナミを奉じる人びとに支持され、その人や技術の協力を得て出雲平野の芦原を開拓したのではないだろうか。いや胎内甦りの神話そのものが、そうした庇護・協力関係の神話的表現だったといえるかもしれない。オオクニヌシは母系の女神たちばかりでなく、父系の大地母神イザナミからも愛された神なのである。オオクニヌシが『出雲国風土記』に「天《あめ》の下造らしし大神」と称えられる大王になったのも、イザナミの庇護のお陰だったかもしれない。かれは各地のヒメに妻問いして、書紀によれば一八一柱の子をもった。そしてスクナヒコナと力を合わせ、心を一つにして「天下《あめのした》を経営《つく》」った。

出雲の豊かさ・人びとの喜び

『出雲国風土記』は、出雲の豊かさや人びとの喜びをしばしば記している。嶋根郡前原《さきはら》の崎は「松並木が繁り、なぎさは深く澄んでいる。男も女もときどき群がり集い、あるいは楽しんで帰り、あるいは遊びふけって帰るのを忘れ、常にうたげをする処である」という。また斐伊川の川下の両側は「或は土地肥えて、五穀、桑、麻が稔って枝を傾け、百姓《おおみたから》の豊かな薗である。或は土肥えて、草木が群れ生《お》いている。すなわち鮎、鮭、ます、いぐい、なよし、はむ等の類がいて、淵瀬に並び泳いでいる。河の口から川上の横田の村に至る間の五つの郡の百姓は、河によってすんでいる。孟春《むつき》から季春《やよい》に至るまで、材木を校《あざな》える船が河中を上り下っている」という。

　だが出雲の豊かさは、のちにヤマト政権と東部の国造《くにつくり》をして、オオクニヌシに国譲りを強いさせることにもなったのだった。

農耕の神・祭祀王オオクニヌシ

『出雲国風土記』では、オオクニヌシは沢山の鋤をとって国造りをなさった大神と呼ばれている。またこの風土記や『播磨風土記』には、スクナヒコナとともに各地を巡行して稲穂をまき散らしたり、稲積みを置いたと語られており、また俵を積んだりモミを臼でついたり、飯を盛ったという話も多く、農耕との密接な関係を表している。山をうがち岩を裂いて泥水を流しやり、地を固め農事を始めたなどという伝承もあり、オオクニヌシは国土の開拓神としての性格をもった初期王権の王であるといえる。弟のセトに殺される前のエジプト神話のオシリスにも、そのおもかげがある。

　しかし二人の国造りは、古くは「国土の創造」であったらしいと松前氏はのべ、『万葉集』の《大穴牟遅《おほあなむち》、少御神《すくなみかみ》の、作らしし、妹背《いもせ》の山は、見らくしよしも》（巻七）などの歌を引用している（『日本神話と古代生活』第二章）。川崎庸之は『万葉集』の研究から、「多少ともに〝カミヨ〟の主宰者、或はその代表者として、万葉人の意識の中に入ってきている神々は、オホナムチ、スクナヒコナとヤチホコの神だけだということになる」とのべている（「日本神話と歴史――神代の物語」岩波講座『日本文学史』第三巻、一九五九）。

オオクニヌシは民と家畜のために病気を治す方法を定め、鳥獣や虫の害を除くために呪術の方法を定めたと、『日本書紀』は書いている。ウサギを助けた話を考えあわせると、オオクニヌシは巫医の術をもち、当時の王に要求された呪術の能力をもった出雲の祭祀王であり、農耕神であった。祭祀権を奪われる前には、5章でのべるイザナミ追遠の祭祀や、新月を迎える儀式などを行なっていたにちがいない。

オオモノヌシとオオクニヌシ

『日本書紀』第六の一書によると、ヤマトの三輪のオオモノヌシも、オオクニヌシの異名もしくは霊魂の名の一つとされている。オオモノヌシは国造りにおけるオオアナムチ（オオクニヌシ）の協力者で、その希望によってオオアナムチはオオモノヌシをヤマトの三諸山に祀った。それが大三輪の神だという。この神はいわゆる箸墓伝説でヘビ神の姿を現すことからわかるように、ヤマトの地を統べる月神ないし月を祀る神であった。

『古事記』には、ヤチホコの神が倭国《やまとのくに》に行こうとして、嫉妬するスセリヒメと歌を詠みかわして和解する場面がある。オオクニヌシはヤマトの大地主神オオモノヌシと、同じ信仰文化で結ばれていたにちがいない。

『日本書紀』には、オオモノヌシはオオクニヌシの国譲りのあと、八百万神の首領として天孫に奉仕する神として語られている。三輪山麓の纏向《まきむく》遺跡から出雲製の土器が出土することなどからも、三世紀のヤマト政権（三輪王朝）の成立に、出雲勢力が深く関わっていたことが推察されている。初代天皇とされる神武から三代にわたる出雲神の娘との婚姻は、両者の友好関係を暗示している。

実際の最初の帝とされる崇神天皇の叔母、あるいは大叔母にあたるヤマトトトヒモモソヒメとオオモノヌシの神婚、夜に通ってくるオオモノヌシの姿を見たがり、櫛笥《くしげ》に入っていた美しい小蛇を見て驚き叫んだため、ヒメがホトをついて自殺する話、オオモノヌシを大田田根子《おおたたねこ》に祭らせる話、天皇が出雲の神宝をとりあげる話、出雲神が祟った話などは、三輪王朝と出雲勢力との密接な協力関係が破れ、支配・被支配の関係に変わっていった過程を示している。

三輪山麓における宗教対立

その大きな原因が宗教対立にあったことは、ヒメが「箸に陰《ほと》を撞《つ》きて薨《かむさ》りましぬ」という『日本書紀』の表現が暗示している。3章の民話のところでのべたように、〈つく〉とは月の古形であり、ヘビはもちろん月のシンボルである。この話は蛇神オオモノヌシがヒメを死に至らしめたことを記し、自己を正当化しているのである。

この対立について、寺沢薫は次のようにのべている。「王権の祭祀には相異なった性格をもつ二神が重なっていた。ヤマト王権にとって、太陽神祭祀は卑弥呼の鬼道に通じ、王権が権威を拡大し守護するポジティブな祭祀であり、新生倭国の誕生とともに成立した。一方の大地主神は弥生時代以来の農耕のマツリに通じ、王権が制圧すべき地域の伝統的土地神を統合するネガティブな祭祀であったといえる」（『王権誕生』第八章、講談社、二〇〇〇）。

大神《おおみわ》神社の祭祀権は奪われ、王朝の祖神を祀るものになっていく。しかしオオモノヌシの霊威は強く、月信仰は三輪の地に深く根を張っていて、やがて王朝は自らの祖神を伊勢の地へ移さざるを得なくなっていく。

しかしその祖神にはまだアマテラスオオミカミという名前はなく、太陽神であったという証拠もない。三浦茂久は先人たちが抱いた率直な疑問を考察して、「アマテラスことヒルメは、機織りをする女性であること、日孁の日は借訓であって太陽とはかぎらないことなどが次第に明らかになってきた」とのべている（『古代日本の月信仰と再生思想』第八章、作品社、二〇〇八）。

いっぽう『播磨国風土記』の宍禾郡の項からは、新羅の王子アメノヒボコ（天日槍、『古事記』では天之日矛）と谷を奪いあっているアシハラシコオの姿が見えてくる。名前からみても太陽神を奉じる武将であるアメノヒボコは、ヤマト政権に帰順して出雲の月神勢力と戦ったのかもしれない。ちなみに新羅がその国名を名乗ったのは、三五六年である。

ヤマト政権による出雲支配

井上光貞が明らかにしたように、出雲の首長勢力としては東部の意宇《おう》と西部の杵築《きつき》の二大勢力があり、出雲平定とは意宇勢力と結んだヤマト政権による杵築平定にほかならなかった。意宇勢力を出雲国造に任じ、杵築勢力の祭祀権を奪ったのである。古墳の分布によれば、オウ勢力が出雲東部を統合していたのは五世紀代だが、ヤマト政権が出雲を支配下に収めるのは六世紀後半ごろだったと考えられる（加藤謙吉「隠岐の氏族・部民と畿内政権」『原始・古代の日本海文化』

同成社、二〇〇〇)。

ヤマト政権は六世紀後半、動物供儀を不可欠とする月信仰に対抗して、殺生戒をもつ仏教を積極的にとり入れた。そして壬申の乱をへた天武期の六七五年以降、政権はたび重なる殺生禁断・肉食禁止の詔を出し、さらに記紀神話において、月の神にして月のシャーマン王スサノオを、アマテラスへの乱暴者として描いた。それについては、別のところにくわしく書いた(2)。

なお仏教については、出雲国の古代寺院には他の地域にくらべて畿内系の瓦当文様がほとんど見られず、「出雲にはすでに強大な伝統的宗教圏が存在していたため、仏教文化の受容に際して非常な抵抗があったからではないだろうか」という興味深い指摘がなされている(三舟隆之「謎の出雲勢力、その宗教と文化」『別冊歴史読本』48、新人物往来社、一九九八・一)。

生と死と再生の循環——太陰的世界観

月は朔の三日間死んだあと、新たな光として西の空に甦る。新月は失われた旧月の甦りであり、新たな命の誕生であった。ネリー・ナウマンはこれを tounai religion 太陰的世界観と呼んだ。穀霊として甦った月は、人々に新たな生をもたらす。月には不死の水があるとされ、女性の生殖力が月の再生力に比せられていた。死者もまた世代を越えて月のように甦るものと信じられたのである。

太陰的世界観の基本は、月の満ち欠けに象徴される生と死と再生の循環である。永遠に止むことのない月の満ち欠けは、万物の消滅と生成の法則を圧縮してみせてくれる。月こそ死と再生の本源だとみられた。生は死に、死は再生につながり、すべては循環する。時間は直線的でなく、循環的である。循環の聖なる象徴が月であり、地上では環や円によって表される。月と太陽、季節のめぐり、生者と死者、祖先と子孫、女と男、母と子、人間と植物、人間と動物、播種と収穫等々は、すべてこの循環のなかに位置づけられる。朔は見えない月が暗闇に籠もって、光の再生に備えるところであった。そして井戸尻で最も重要視されていたと思われるのが、植物の生誕・成長・死の循環であった（『縄文土器の図像学』ほか）。

ここでは詳述できないが、土器に表現されたヒキガエルは暗い月を、ヘビは甦った月を象徴し、脱皮するもの、冬眠や穴居や水棲など現れたり隠れたりするものが重要視された。ナウマンが指摘した斑《まだら》のある動物も、月の表面の斑点からの連想であり（中国では音の類似もあるという）、星空を表すという人もいる。井戸尻の土器には、「みずち」と名づけられた水棲動物も描かれている。

循環を模倣し、相似《アナロジー》と類推によって思考する

集落も、家も、土偶も、土器も、石器も、それらの紋様もすべてはこの循環を模倣し、表徴する。人間は月母神の胎内を模した集落や家で暮らし、初期農業を行ない、狩猟・採集をつづけ、その神話を表した土器や石器をつくって用い、月に祈り、月の力によって甦る太陽の恵みのもとで生を営んでいた。集落では広場のまわりに墓地、貯蔵庫、住居が環状にめぐり、人々は祖先に見守られ、祭祀によって死者が再生するのを感じながら働き子を産み育てていった。そして何よりも

重要なのは、この循環が永遠に続くように生け贄を捧げて月に祈ることであった。

人びとは生命のさまざまな秩序と次元のあいだに相似《アナロジー》を認め、月によって表徴される天界の秩序と、身のまわりにみている地上の秩序とのあいだに関連性があることを類推と連想によって思考し、シンボルや暗号を用いて多様な紋様や神話をつくり出していったのである。

当時の人びとの意識の根幹をなしていたそのような世界観は、日本や中国、朝鮮半島のほか、インダス・西アジア・ヨーロッパ・中南アメリカなど、世界各地の新石器文化に普遍的な世界観であったようだ。それは生と死と再生をくり返す月を中心にすえ、類推による連想の論理によって組織された世界観であり、新石器時代を特徴づける世界観であった(『井戸尻』第8集ほか)。

イザナミとイザナギの離婚

前述したように、出雲東部にはイザナミを祀った神社がいくつもあるが、終焉の地を近江とも淡路ともいわれるイザナギの影は、出雲では薄い。

そして記紀は共に、イザナミとイザナギの決定的な別れを記している。そこにはイザナミの明確な意志が貫かれている。振り向かないという約束を破り、火まで灯して体中に蛆がわき八つの雷神を生じさせた妻の姿を見てしまったイザナギを、イザナミはヨモツシコメや八柱の雷神や黄泉軍《よもついくさ》に追わせ、最後には自分自身で追いかけていく。

雷やヘビは月のシンボルである。蛆がたかり八種の雷神を生じさせたイザナミの姿は、月神の赤裸々な姿にほかならない。もちろん月神が嫌悪すべき醜い存在として描かれるのは、記紀がヤマト政権の崇める太陽神の立場に立って、月神を否定しようとしているからだ。

二神はイザナミの主導で、ユダヤの伝承であるアダムの最初の妻リリス(3)と天使とのやりとりを、より強烈にした対話を交わす。「私は貴方の国民を日に千人くびり殺す」とイザナミがいえば、「それなら私は日に千五百の産屋を建てよう」とイザナギが答える。『書紀』第六の一書と『古事記』によれば、これが二人の最後の対話である。

火の神カグツチを生んだことによって死ぬ大地母神イザナミの姿は、前述した人面付深鉢や香炉形土器などに形象化されて、おそらく新嘗の祭りごとに火にかけられ、あるいは油脂を焚かれ、祭りのあとでは壊されていただろう。しかしイザナミは、その都度人びとのために甦っていたのである。だがこの最後の対話には、もはや甦りの可能性は感じられない。

イザナミの永遠の死・文化変容の時代

イザナミが甦らなくなり、永遠に死んでしまったのは何故だろう。考えられる理由は、中部高地に大きな異変が起こったことだ。気候の変化もあるだろうが、それだけとは考えられない。わたしは前述した父権化に、大きな原因があると思う。母神の胎内に見立てられた住居や集落が作られた中期末葉までは、イザナミはたしかに中部高地にいた。その頃から起こったさまざまな変化が、考古学的発掘によって明らかにされている。

「もっとも注目される伊那谷で、前半期に比べて集落が倍に増えている。とりわけ下伊那地方で、曽利Ⅰないし Ⅱ期に出現する集落が圧倒的に多い。(略)／後葉の時間幅はおよそ三〇〇年と見積もられるが、ことに伊那谷における爆発的ともいえる集落数の増加は、前半期とは打って変わり、この地域が文化変容の時代に大きな力を発揮したことを示している」（『井戸尻』第8集、次節も同じ）。

〈女神の胎内〉としての住居が消える

「住居に目を向けると、これもずいぶん様変わりする。柱の配置は五本、または四本で、四本柱の住居の形は隅丸の方形に近い。」女神の子宮になぞらえられていた住居の形が、変わったのだ。「そして、切り炬燵のように四辺に板石を組んだ巨大な炉が設けられる。／住居の入口には、しばしば土器が埋められる。この埋め甕には、胞衣（胎盤）が収められたと考えられる。また炉より奥の間には、土器の胴の辺りないし頸を切り取って、それを逆さに伏せたもの、伏せ甕がみられる。貝塚遺跡にみられる甕被葬《かめかぶりそう》から推して、そこには、されこうべが収められていたと目される。」

「石囲炉《いしがこいろ》の角には、副炉《ふくろ》と呼んでいる小さな炉、言ってみれば子供の炉が設置されたり、土器が埋設されたり、時には陽石が埋め込まれる。さらに、炉の奥に接して石敷の祭壇が設けられることがあり、そこに立石《りっせき》や石柱《せきちゅう》を伴う場合もある。／それらの要素を濃厚に合わせ持つのは伊那谷、諏訪盆地南麓から八ヶ岳西麓、八ヶ岳南麓から茅ヶ岳西麓の三地域である。」

男根形石棒《せきぼう》の登場

中期後葉に登場してこの期の文化を特徴づけ、後期に受け継がれるものは、陽石（男根形の石棒）や丸石である。石棒のなかには火熱を浴びたものが見出される。そして冬至の太陽光の射しこむ炉辺に、男根状の石棒が直立したり埋め込まれたりしている住居が出現する。石棒については、『富士見町史』上巻の第二編第二章で小林公明氏が詳しく論じているので、それを要約しよう。

それらは女神像である土偶と同じようにほとんどが折られていて、しかも残りの片割れは見つからない。また、住居内や屋外の然るべき場所に据えられたままのものは少なく、住居址や屋外から、他の遺物とともに、どうということなく出土する。女神の場合と同じように、男神の死を通して新たな多産豊穣が約束されると信じられていたのだろう。

茅野市米沢の棚畑《たなばたけ》遺跡から発掘された一五〇余軒もの住居址のなかの2号住居址は、上川へ向かって突き出た台地の最先端に位置する曽利Ⅲ期の大きな住居である。ここでは焚口の石の中央に接して石棒が直立していて、入口から炉にいたる冬至線の通路が瞭然としていた。「冬至の朝、編笠山の頂上に顔を出した太陽の光芒は、入口から住居の奥深く射し入り、男根形につくられた石棒に当たってその影を炉内に落とす。太陽の精を受けた陽根は、女陰である炉に入って火が誕生するという、見事な演出である。」

ここにも太陽感精神話がある。イザナミはそこにいたのだろうか。

諏訪湖を眼下にする岡谷市湊の花上寺《かじょうじ》遺跡の58号では、焚口の炉石の中央に割って入ったように直立する、亀頭のある有頭石棒が見出された。また別の住居址では、炉の右上の角に石棒の下半部が埋められていた。男女の交合が、「さながら一場の演劇の台本をみるかのよう」に視覚化されているという。これらも末期中葉の曽利Ⅲ期に属する住居址である。

対偶婚家族

陽石の出現は、明らかに男性の力の拡大を示している。また炉の大型化、陽石と（ここでは触れなかったが）石皿（石うす）、母の炉から生まれ、そこに寄りそっているような子どもの炉、胞衣を入れた甕などからは、父・母・子の〈対偶婚家族〉の存在が感じとれる。

対偶婚とは女性史研究家の関口裕子によれば、「現在私たちがおこなっている単婚（一夫一婦制）より一段階前の結婚で、一応一人の夫に対して一人の妻という一対の夫婦関係は成立しているが、（1）それは必ずしも夫以外の男性との性関係をさまたげず、（2）その関係は永続きしない、というものである。この対偶婚の特徴は学術用語でいうと、①排他的同棲の欠如と、②当事者の気の向いているあいだだけ継続する結婚ということができる」（「性・愛・結婚」『家族と結婚の歴史』森話社、一九九八）。そして関口氏は、「対偶婚のこの二大特徴が、古代の恋愛や結婚のあり方を規定している」という。

祖霊や祖先を祀る祭祀の出現？

陽石や副炉の出現と同じ時期、方形の石囲炉の規模は最も大きくなる。また、石を敷いた祭壇のような炉さえ出現する。いずれも炉石に接した奥の座に設けられ、ときにその中央に立石が据えられる。長崎元広は、「屋外の墓域にも立石が多数みられるから、立石祭祀は祖霊や祖先を崇拝する祭祀でもあったろう」と推測している。墓標石などにみられる柱状の石は、石棒の類縁する陽石の類であると考えていい。もともと屋外の墓標として立てられていた立石が、住居の中にもち込まれ、炉の奥座に祀られるようになったというのだ。小林氏はこの陽石を、記紀神話でいうイザナギに相当する祖先神だと考えている。

大陸文化の影響で父系の祖霊や祖先を祀る祭祀が始まったとすれば、そのとき文化の変容は頂点に達し、おそらく大地母神イザナミは甦ることがなくなったのだ。しかし父系の祖霊や祖先といっても共同体の共通の祖霊や祖先であり、単系的な父系制家族がこの地域に成立したということはできない。

家族の中心には女性がいた

五世紀から八世紀半ばになっても、家族の中心に母がいたことを示す歌が『万葉集』にはいくつもある（関口裕子『日本古代婚姻史の研究』上・下、塙書房、一九九三）。

また『古事記』の系譜とその断片をつぶさに研究した中山千夏は、「男性本位ではあるけれども、完全な男系系譜はみられず、ほとんどすべての系譜は準女系系譜とも見える両系系譜である。断片には完全な女系さえ見えている」とのべ、「男系系譜ではなく女系系譜、少なくとも両系系譜が倭人古来の伝統であり、八世紀初頭にもそれが倭人の風習だった。そこへ『記』や『書紀』が、男系主義による系譜を率先して打ち出したのだ」と結論づけている（『「古事記」に聞く女系の木霊』御茶の水書房、二〇〇三）。

イザナギの弱さ・イザナミの独立性

イザナミを奉じる人びとの出雲への移住がはじまる。イザナギを奉じる人びとがあとを追う。当時の観念では、太陽神は月母神の庇護を必要としていた。

『日本書紀』第十の一書は、さまざまな形でイザナギの弱さを表現している。自分の姿を見てしまったイザナギに、イザナミは「私もあなたの本当の姿を見ましょう」というのだが、イザナギはそれを恥ずかしいと思う。次にヨモツヒラサカで争ったとき、イザナギは「私たちは別れよう」「あなたには負けない」といい、そのあとで「はじめあなたを悲しみ慕ったのは、私が弱虫だったからだ（是《これ》吾《あ》が怯《つたな》きなりけり）」と告白するのである。

いっぽう月母神は、終始独立性をもっている。出雲への長征の途中、二神の本質的な違いが対立として顕在化する。

記紀はギリシアのオルフェウスの冥界下りの神話だけでなく、ユダヤのリリス伝承[3]まで援用して、イザナミの悪女たる所以と共に、その独立性を書きこんでいる。オルフェウス神話では、オルフェウスが約束を破って振り向くと妻エウリュディケーはかすかな叫び声をあげて消え去るだけだが、リリス伝承では、リリスはアダムと同等であるだけでなくアダムから独立した存在であり、あくまでもそのことを主張するのだ。記紀神話でも、イザナミはその独立性を堅持している。

月信仰と太陽信仰の分離

記紀の「黄泉の国」には、エジプト神話の冥界の王オシリスのような明確な支配者もなく、前世の行ないを裁く者もいないことが指摘されている。だが「黄泉の国」は宗教観念上の冥界を書いたものではなく、中部高地にあるのでもない。死者の国行きは、一般的には死者を悼み、その甦りを祈る殯《もが》りの儀式を表しているが、この神話では中部高地を出て北陸を経、海路出雲へ落ちて行く苦難の道こそが「黄泉の国」であり、この話はイザナギのイザナミへの未練と葛藤に満ちた道行きを物語っていると考える。イザナギは自分の弱さを認め、その反省に立ってイザナミからの独立を決意するのである。

かれが亡妻イザナミを求めて黄泉の国をたずねる状況の記述が、畿内では五世紀以降に現れる横穴式石室を連想してのものであると指摘されているが、むしろ石室のほうが、海洋性を失った神話を模倣していると思われる。

ところで石川県の真脇遺跡から発見されたトーテム・ポール状の彫刻柱には、上半部に三日月形の刻みを対照的に彫り込み、推定でも二メートルは地上に立てられていた。縄文時代前期中葉の真脇ムラの信仰上のシンボルとされたものだ（『魅惑の日本海文化』石川県立博物館、一九九〇）。たとえ父権化しつつあったとしても、北陸にはイザナミが信望を得ることのできる共通の文化的基盤が存在していたにちがいない。

イザナミが出雲にきたのは、出雲が月信仰の地だからであり、イザナギがイザナミに追われたのは、イザナミと出雲が太陽神イザナギの出雲入りを拒んだためだろう。これ以後、月を崇める人びとと太陽を崇める人びとは、イザナギがヨモツヒラサカを塞いだ千人引きの岩を境にして、別々の道を歩むことになる。

5　イザナミ追慕の祭り

出雲の神迎えはイザナミ追慕のためだった

人びとは比婆の山に葬ったイザナミの死を、どのように悼んだのだろう。

「八百万の神が出雲へ行くのでこの国には神がいなくなる。それで陰暦一〇月を神無月《かんなづき》という」という言い伝えは古くからあった。平安時代末の藤原清輔の『奥義抄』には、「十月天下ノモロモロノ神出雲ノ国ニ行キ」とあり、当時すでに出雲を除く各地の旧一〇月は、神無月といわれていたようだ。男女の縁結びなどさまざまな神議《かんばか》りをするため、などといわれているが、その由来はそう古くからのことではないと考えられている。

ところで、出雲の佐太神社には不思議な古伝が伝わっている。「陰暦十月に祭神であるイザナミの尊が神避《さ》りまして比婆之山にかくれられたので、八百万の神々が毎年この月を以って、この大祖の神の社たる佐太神社に参集し追遠を示す」というのだ（加藤健司『日本祭礼民俗誌』おうふう、二〇〇五）。追遠とは遠い過去を追うことで、先祖の徳を追慕してその供養を怠らないことを意味している。陰暦一〇月に神々が出雲に集まるのは、イザナミ追遠のためだというのである。

佐太神社は松江市から西北に八キロ、島根半島のほぼ中央部、秋鹿郡の神名火山のふもとを流れる佐陀《さだ》川左岸に鎮座し、「おいみさん」、神在社《かみありしゃ》と通称されている。本殿は中殿、北殿、南殿とよばれる三殿が並ぶ独特のものであり、いずれも大社造である。主祭神は『出雲国風土記』のなかで四大神の一つとされる佐太《さだ》大神であり、中殿に鎮座している。

この神社は出雲大社の神迎えの行事の先鞭をつとめ、最後に神等去出《からさで》祭りで神々を送り出すことで知られている。そのために旧暦一〇月、現在は新暦一一月二〇日から二五日まで「お忌み祭」を行なうが、これを神在祭《かみありまつり》ともいう。そのあいだ境内の周囲に注連縄《しめなわ》を張り、斉串を立てて人びとを近づけない。奏楽をせず、静謐を第一とする。神無月は出雲では神在月であり、出雲大社や佐太神社などの神事の期間中、人びとは身をつつしみ、婚姻、建築などはもちろん理髪や爪切りまでもつつしむといわれている。

佐太神社の秘儀の深層――隠されたイザナミの出雲入り

神到来の先触れと信じられているのが竜神で、これが神無月になると佐陀の浦辺に出現し、神社に奉納される。竜神とは南方産のセグロウミヘビで、この頃の季節風（お忌み荒れ）によって浜に打ち上げられるのである。竜神はヘビすなわち月のシンボルであり、出雲では出雲大社をはじめ代表的な神社が、海蛇を「竜神さま」と呼んで大事に祀ってきた。

二〇日の夜、宮司以下は各本殿前で拝礼のあと、いったん注連縄の外に出て直会殿《なおらいでん》に入り、神々を迎える秘儀を行なう。そのあと宮司がヒモロギ（神籬）を捧げもって再び注連縄の中に入り、中殿の前にヒモロギを安置する。ヒモロギは一二本の土弊を立てかけて注連縄を幾重にも巻いた三角錐の造り物で、佐太の神そのものとされる。

二五日の佐太神社のカラサデ神事の名は旧記にもしばしば記されていて、神在祭りのなかでも最も秘儀性に満ちたものである。その夜、社殿の祭場で宮司たちによる拝礼が行なわれ、直会殿に移って神送り神事がなされる。ついで宮司が社殿の正中門の前で神送詞《しんそうし》を奏上し、社人《しゃじん》が「お立ち、お立ち」と唱えながら梅の楉《しもと》（むち）で地面をたたく。そのあと、亥の刻に神職たちが行列をつくってヒモロギを立て、無言でカンナビ山に続く尾根の途中にある神目山《かんのめやま》に登る。神木である松の木に飾りつけをし、その根元に「一夜御水《いちやおんみず》」とよばれる神酒《みき》を供える。

小さな窪地を日本海に通じる池と見立て、そこにヒモロギを立てた船を入れて船出式が行なわれる。宮司が眼下の佐陀浦《さだのうら》に向かって「カコ」と微音で三回唱え、一同で一夜御水を飲む。「カコ」とは水夫を呼ぶ声だろう。そのあと決して後ろを振り返らずに山を降り、神事を終える。神職たちを、黄泉の国までイザナミを追っていったイザナギに見立てているのだ。

この祭りは、海から迎えた神々を海へと送り返す儀礼を繰り返しているようにみえる。しかし神職たちをイザナギに見立てているということは、この秘儀の深層に、イザナミの船出と出雲入りが隠されていることを物語っている。

さらに三〇日にはカラサデ神事と同様の止神《しわがみ》送り神事を行なう。これは旅立たずに留まっていた悪神を追い払う神事で、そのあとはやはり後ろをふり返ってはならない（『祭礼行事・島根県』桜楓社、一九九一、加藤氏の前掲書、および『古代出雲事典』）。

三角錐は大地母神イザナミである

「カコ」と三回唱えることは、朔の三日間を象徴する月のシンボルである。またヒモロギが表す三角形について、『藤内』は「三角形の刻文すなわち光明」であるという（藤内遺跡出土品重要文化財指定記念展「甦る高原の縄文王国」図録、二〇〇二）。すぐ明らかにするように、佐太大神は穀霊オオクニヌシであり、新月の光であり、その表象としては朔の三日間を表徴する三角形、三角錐がふさわしいといえるかもしれない。

しかし前節で明らかにしたように、この祭りはイザナミの出雲入りを深層に隠しているのである。そうだとすれば、船に乗るヒモロギは佐太大神ではなく、大地母神イザナミ自身であるとしか考えられない。なお三角形が太女神の三相一体のしるしであることについては、6章でのべる。

佐太神社は『出雲国風土記』秋鹿《あいか》郡の社の筆頭に「佐太御子社《さだみこのやしろ》」と記され、さらに神名火山《かむなび》（現在の朝日山）の麓に鎮座しているとある。『延喜式』では佐陀神社と書かれている。中世には出雲大社に次ぐ大社となり、近世にはさらに発展した。年中の祭祀は七五度を数える。

だがこの神には大きな謎がある。佐太大神とは誰かという問題である。

神々の宿泊・滞在・神送り

神迎え、神送りをするのは、出雲大社と佐太神社だけではない。旧暦一〇月一〇日、出雲大社で厳粛な神在祭を行なったあと、諸神は東と西各一九社、計三八社に分かれて宿泊する。翌日から七日間、諸神は稲佐の浜近くの摂社、上ノ宮で神議《かんはかり》を行なう。一七日にはカラサデさんの祭りを行ない、一行は佐太神社へ向かう。その前後にも朝日神社、神原神社、万九千社、神魂社、高天神社、売豆紀神社、朝酌下神社など出雲地方各地の神社に一日か二日寄って神社各様の相談をするといい、それぞれの社でカラサデの祭りを行なう（『祭礼行事　島根県』）。

かなり長いあいだ続いた習慣でないと、このような話は語り継がれていかない。そう考えると、かつて人びとがイザナミを偲んで毎年出雲に集まったという事実が、実際にあったのではないかと推測したくなる。旧暦一〇月は収穫祭の時期であり、神が山へ帰るといわれる季節でもある。神々の祭りはイザナミの恵みに感謝する収穫祭でもあり、後述するように銅鐸の祭りだったのではないだろうか。

佐太大神はオオクニヌシである

佐太大神はだれかという問題だが、坂田千鶴子氏は、佐太大神は「大神とはいうものの、生誕地である島根郡ばかりか秋鹿郡にも、伝承が残されていない」として、高木敏雄の説を引用している（坂田、前掲論文）。「大神の称号は、妄りにいずれの神にも附すべきにあらず。もしこの神をば、大国の主神のこととすれば、その尋常ならざる出生の模様と、その威厳の畏るべきこととは、十分にこの記事において見ることを得べし。ただしこは一種の仮定説に過ぎず」と高木氏はのべているのだ（『日本神話伝説の研究』平凡社、一九七三）。

坂田氏が指摘するように、『出雲国風土記』で「天の下造らしし大神」とまで呼ばれるオオアナモチ（オオクニヌシ）に、出生譚ばかりか系譜もないのは不自然だ。佐太大神は風土記では、御祖《みおや》、カミムスヒの御子キサカヒメから生まれたという。しかし生まれたのは佐太大神ではなく、月の子オオナムチ即ちオオクニヌシであると氏はいう。二人のヒメが「母《おも》の乳汁《ちしる》」でオオクニヌシを生き返らせた神話を素直に読めば、オオクニヌシの母は二人のヒメのどちらかだという印象を受ける。だが『古事記』は「母《おも》の乳汁《ちしる》」が誰の乳かを語らない。

女神が金弓を放ち、光を生んだ

加賀の潜戸《くけど》でのキサカヒメの出産神話は、『出雲国風土記』では加賀郷伝承と加賀の神崎《かむざき》伝承に分載されていて、元の形を留めない。そればかりか、加賀郷伝承を消し去った写本が圧倒的に多いという。「加賀郷の記載、闇の中で金の弓を放ち、光を生んだキサカヒメの事跡については、完璧に抹殺する力が働いた」と坂田氏はいう。

　加賀郷伝承は、簡潔なものだ。「加賀の郷《さと》、郡家《こほりのみやけ》の北西《いぬゐ》のかた廿四里《さと》一百六十歩なり。佐太《さだ》の大神生《あ》れましししところなり。御祖、神魂命の御子、支佐加比売命《きさかひめのみこと》、『闇《くら》き岩屋なるかも』と詔《の》りたまひて、金弓《かなゆみ》もちて射給ふ時に、光《ひかり》加加明《かがや》きき。故《かれ》、加加《かが》といふ。」坂田氏によれば、ここには「作為による削除はあっても、改変の痕跡は佐太大神の名称のほかに見られず、素朴は口承が保存されている。」

　これにたいして神崎伝承は長いものだが、同じ瞬間を「金《かね》の弓箭《ゆみや》流れ出で来けり。即ち待ち取らしまして、『闇《くら》き窟《いはや》なるかも』と詔《の》りたまひて、射通しましき。即ち、御祖《みおや》支佐加比売命《きさかひめのみこと》の社《やしろ》、此処に座《いま》す」として、女神が光を生んだことを記さない。そして「御子がどの時点で生まれたのかは、どちらの伝承にも記されていない。」

坂田氏はこの出産神話を、古写本の緻密な分析によって復元した。そして「『御子と光の出産』まさにその時こそが、語られるべき神話的瞬間ではなかったか」という。この出産神話のヤマト朝廷による分断と「削定」の理由は、氏によれば加賀伝承の最大のモチーフである「光の御子の誕生」を消し去り、オオクニヌシが金の弓に象徴される新月の光とともに生まれた月の子であることを隠蔽して、太陽神アマテラスの岩戸隠れの神話として塗り替えるためだった。

「大洞窟の主であった母神は、金の弓を構えてこの世の暗闇に光と御子とを産み放った。『光とともに』御子は生まれた。その類ない奇跡こそ時空を超えて神話を語りつがせた力だ」と氏はのべている。風土記の大穴持《オオアナモチ》、『古事記』のオオナムチの名は、この大洞窟に由来している。「月の満ち欠けを数えて暮らす人々にとって、人の子の誕生は、年ごとの作物の実りと同じく、月ごとに甦る新月の誕生そのものであった。母神の出産によって、御子の誕生とともに世界に光が生まれるのは、原初の神話が共有したモチーフであり、旧月から新月が生まれることを意味していた。母神は月であった。太陽ではなかった。」

ホノニニギも月の子だった

ところで穀霊とともに光が生まれる神話は、日向の高千穂のクシフル峰に降臨するホノニニギのことととしても、『日向国風土記』逸文に記されている。日向の人びとが語り伝えてきたものだろう。女神の姿も弓もなく、稲もみが光を生む形になっていて、その光も「日月」の光とされているのだが……。「時に、天暗《そらくら》冥く、夜昼別かず、人《ひと》物道を失ひ、物の色別き難たかりき。ここに、土蜘蛛、名を大鉏《おほくは》・子鉏《こくは》という曰《い》ふもの二人ありて、奏言《まを》しく、『皇孫《すめらみおと》の尊、尊《うづ》の御手以ちて、稲千穂《ちほ》を抜きて籾《もみ》と為して、投げ散らしたまひければ、必ず開晴《あか》りなむ』とまをしき。時に、大鉏等の奏《まを》しが如、千穂の稲を搓みて籾と為して、投げ散らしたまひければ、即ち、天開《そらあ》晴《か》り、日月照り光《かがや》きき。因りて高千穂の二上の峰と曰ひき。後の人、改めて智鋪と号《なづ》く。」

　この伝承は、太陽神アマテラスの（間接的な）孫とされるホノニニギの原像が、実は新月の光とともに天降った〈月の子〉だったのではないかという疑念をわたしたちに抱かせる。アマテラス自身がもとは月神だったという見解も、坂田千鶴子（「月母神キサカヒヒメと射日神話」『国文學　解釈と教材の研究』二〇〇七・三、『古事記』のキサカヒヒメとは『風土記』のキサカヒメと同一のヒメである）と、三浦茂久（三浦、前掲書）によって提示されている。

　三品彰英は月には注目していないが、このチホ伝説を「『古事記』や『日本書紀』の天孫降臨にくらべて、まことに素朴であるが、それだけにホノニニギノミコトの原像に近いものを語っている」、「チホは千穂の意とするよりも霊穂《ちほ》すなわち稲魂と語釈すべきであろう」といい、「『記紀』の所伝よりも、『日向国風土記』逸文が語るように、ホノニニギノミコトを大鉏《くは》・子鉏《くは》すなわち農耕者らしい名（あるいは稲魂迎えの儀礼執行者の名）を持つ者が迎えるというのが、原義にふさわしい所伝であるように想われる」とのべている（「古代祭政と穀霊信仰（遺稿）」論文集第五巻）。

新羅にも同じような神話があった

なお三品氏は前掲論文で、朝鮮半島における新羅の始祖降臨伝説のなかの、穀霊とともに光が生まれる神話を紹介し、検討している。これらの始祖たちも新月の子だったのだろう。神器をもち、天上から山上に降臨して王朝の基礎を築くというモティーフは、朝鮮・中国東北地方の王朝の始祖神話に多い。クシフルという言葉などには朝鮮語との共通点もあり、この神話はツングース系の信仰文化の所産であろうと考えることもできる（『神話伝説辞典』）。

ここにも母神の姿はない。父権化がすすんでいた新羅では、女神はすでに消されていたのだろう。洞窟内で穀霊とともに光が生まれる出雲のキサカヒメ出産神話は、東アジアの穀霊神話のなかでも本来の古い形を伝える貴重なものなのだ。

父の名は問われなかった

加賀の神崎伝承によれば、キサカヒメは洞窟で子を産んだとき「吾が御子、磨須羅神《ますらがみ》の御子にまさば」云々といっている。マスラガミとは雄々しく勇武のすぐれた神のことで、佐太大神の父神、つまりオオクニヌシの父神を指している。

オオクニヌシは『日本書紀』本文によればスサノオの息子だが、母はクシイナダヒメだから、マスラガミはスサノオではあり得ない。いっぽう『古事記』でオオクニヌシの父とされるアメノフユキヌの神は、何の伝承もない神である。いずれにしてもスサノオを数代前の父系の祖とする男神がキサカヒメと結ばれたのだろうが、加賀の神崎伝承ができたころ、父の名は問われなかったのだ。

父と娘、父系の兄弟姉妹の結婚にたいする近親婚タブーも、明確には成立していなかったと思われる。

消された母系

素朴な伝承が保存されている加賀郷伝承では、キサカヒメが手にとったのは「弓箭《ゆみや》」ではなく単に「弓」と記されているのに、神崎伝承では「弓箭《ゆみや》」、「弓」、「弓箭《ゆみや》」へと三転している。坂田氏はいう。「『弓』を『弓箭』と書き換えたのは、母神の表徴であった『弓』を、父神の象徴である『矢』に、変化させる必要があったためだ。そこで『弓箭』として、双方を含んだ表現を導入した。／そもそもは父親判定をする誓約《うけひ》の要素の導入が目的だった。（略）マスラガミの素性がわからない以上、この要素の挿入は、まったく意味をなさない。これは父子伝承の衣によって母神の強烈な印象を弱めようとする、手の込んだ潤色であったのだ。」

オオクニヌシは、母系をたどれば出雲の大母神カミムスヒに、父系をたどれば井戸尻の大地母神イザナミにいたる男神である。そして母系こそが、海と大地に根ざしたこの神のアイデンティティを形づくっていたと考えられる。

しかし記紀は光の神話と共に、オオクニヌシの母系の女神たちを消し去った。風土記はカミムスヒをほとんど消した『日本書紀』に抗して、この大母神を存在させたが、その娘キサカヒメが産んだ御子神の名前を偽ることによって、やはりこれらの女神たちの存在証明を消したのである。

『古事記』でオオナムチの母とされるサシクニワカヒメは、大神と称せられる父のサシクニ大神と共に、伝承のない神である。坂田氏は、「御祖、刺国若姫の名は、オオナムチの母系を隠蔽する手段に過ぎなかった」という。

オオクニヌシの母キサカヒメ

風土記の神崎伝承は、最後にキサカヒメについて、「今の人、この窟《いはや》のほとりを行く時は、必ず声とどろかして行く。もし、密かに行かば、神現れて、つむじ起り、行く船は必ず覆《くつが》へる」と書く。キサカヒメを荒ぶる神としているのだ。

坂田氏は、「この『今の人』という限定はむろん、『風土記』編纂当時の、追い詰められていく月神勢力をめぐる緊迫した政治情勢を反映するものだ。（略）追放された月の女神は、荒れ狂って嵐を呼ぶ幻想と結びつく。わが国でもまた、その光で畑作物を育て、恋人たちを慈しんだ月女神が、敵を近づけまいと『旋風《つむじ》を起こし、行く船を必ず覆《くつが》』えす存在として畏怖されることになる」とのべている。

そして加賀の潜戸へ行って、地元の漁師さんから「母の乳汁で炊いたお粥を食べると不思議に乳が出た。それでみな育った」という話を聞いて、氏は「キサカヒメは『出雲国風土記』に描かれているような、荒ぶる神ではない。暑い日には錨を下ろして潜戸で昼寝もする漁師たちにとって、暮らし全般にわたって恵みを施してくれる優しい母子神なのだ」と書いている。「キサカヒメの持ち物は邪霊圧勝の具ではなく、光を生む月弓だった」のだから。

母系譜が甦る

姿を見せることのない陰身《かくれみ》としての旧月カミムスヒ、加賀洞窟に座して輝く光を生む満月キサカヒメ、その新月として生まれたオオナムチに、坂田氏は三相一体の月神の系譜を見ている。「オオナムチの母系譜が、ここに甦る。加賀洞窟のキサカヒメこそは、新月である御子、オオナムチを闇を照らす光と共に、この世に産み放った月母神であった。キサカヒメの御祖《みおや》である神魂命《カミムスヒのみこと》はオオナムチの祖母神である。（略）皇室の誕生を語る記・紀神話が父系譜の確立を目指しているのと反対に、ここには御祖、祖母神が重んじられたわが国古代母権社会の面影を映す母系譜があった」と。

カミムスヒが抱く越のヒスイ

カミムスヒは、出雲では諸説あるものの、イノチヌシと呼ばれて出雲大社の摂社、命主社に祀られている。キサカヒメ、ウムカヒヒメの姉妹は、ともにカミムスヒイノチヒメと呼ばれて出雲大社の瑞垣内の天前社《あまのさき》に祀られている。

命主社は『出雲国風土記』には「御魂社」とあり、延喜式内社である。代々出雲大社の祭祀を司ってきた出雲国造家に伝わる鎌倉時代の「出雲大社神郷図」（一三世紀）には、命主社の背後に大巌が見られ、それが慶長年間の千家文書でこの社が「命石社《いのちいわ》」と称されていた由緒とされる（坂田、前掲論文）。

坂田氏はのべている。「この大巌こそは古代の磐座、出雲の始祖神、神魂命の斎祀空間であったが、あろうことか寛文度造営の折、国造の命によって命主社の命石を含めた大巌群が撤去されると、透き通った美しい翡翠の勾玉と、弥生時代の銅戈が巌の下から現れたという。翡翠の勾玉は新潟県糸魚川産と考えられ、『古事記』の越の沼川比売《ぬなかわひめ》への大国主神の求婚譚に見える、北陸との海路による交流の証である。深い海の色を映した類なく美しい小さなこの勾玉こそ、磐座に祀られた神魂命のご神体であったのだ。」出雲大社の秘宝の一つとなったのは、このヒスイである。

佐太神社はイザナミを追遠するだけでなく、カミムスヒ、キサカヒメ、叔母のウムカヒヒメを含む母系の女神たちを祀るべきだったろう。しかし祭神の名前と神社名さえ変えられてしまったこの神社に、それは許されなかった。父系の祖先母神イザナミの名さえ、古伝の奥深く封じこめられてしまったのだ。

佐太大神は穀霊オオクニヌシである

『風土記』が佐太大神を「佐太御子社《みこのやしろ》」と書くのは、この神が成人した神ではなく、童神として現れる穀霊であることを示している。オオクニヌシは死のうとするイザナミから生まれた井戸尻の穀霊ワクムスヒと同じく、出雲の若き穀霊なのである。

千家氏は、佐太の神は穀霊だという。『佐陀神社略記』によると、神社の祀官は常に斎戒して敬虔な生活を送り、年間七五度の祭りに奉祀するが、その祭りは終始もっぱら稲の神にたいしてのものである。たとえば陰暦一二月二一日から三日間行なわれる田植の神事では、苗松というところから松の葉をとってきて、これを苗に見立てて神前に供え、神子田植の式をいとなむ。弊主は古風な祝田植の歌をうたい、これにあわせて諸々の祝部たちが歌い、来る年の豊穣を期して穀霊の来臨を願うのである。

「神ナビ山とは、神霊のこもります聖山ということになるであろう。（略）その出生が海と深い関係をもった佐太の神が、どうして農耕神であり穀霊たるところの山の神でもありうるのか」と問いながらも、千家氏は「加賀の潜戸における佐太の大神の出生神話は、海の彼方常世の国すなわち神霊の国から、新しくかつ若々しい生命力のみちみちた、穀物霊の誕生でなければならない」という（千家、前掲書）。オオクニヌシが海からきた穀霊だとすれば、かれは稲の道を通って日本列島にやってきた稲の穀霊だと考えられる。しかし加賀の潜戸でのキサカヒメの出産伝承は、オオナムチがもとは稲ではなく、アワやヒエなど雑穀の穀霊だったことを物語っている。

佐太神社の行なう祭りは、若き穀霊オオクニヌシがかつてその胎内で死から甦った大地母神イザナミを追慕する、心をこめた祭りなのだ。オオクニヌシの名は佐太神社から消され、イザナミの名前さえ隠されてしまったが、その祭りは絶えることなく続けられて今日に至っているのである。

一方オオクニヌシの協力者スクナヒコナは、『古事記』によればカミムスヒの手の俣から落ちこぼれた子であり、非常に小さな神として描かれている。この神は国造りが一段落すると、粟茎《あわがら》にはじかれて常世の国へ行ってしまう。アワの穀霊であろう。スクナヒコナの退去は、出雲の農業の雑穀から稲への転換を物語っているのかもしれない。

これに関連して大林太良は、「日本神話において、太陽の女神と稲作によって象徴される文化の周辺に、古い粟作の文化があり、その旧支配者が《国土の主》を現わすオオナムチ・スクナヒコナという名で呼ばれていたという伝承があったのではないか」とのべている（「出雲神話における『土地の主』」『文学』三三巻第六号）。

6 イザナミの魂を花で祭れ

イザナミの甦りを祈って

『日本書紀』神代紀上の第五の一書は、イザナミの死のあとに、この神の魂を祭るには花をもって祭れと書いている。「故《かれ》、紀伊国《きいのくに》の熊野の有馬村に葬りまつる。土俗《くにひと》、此の神の魂《みたま》を祭るには、花の時には亦《また》花を以て祭る。又鼓《つづみ》吹幡《ふえはた》旗を用《も》て、歌《うた》ひ舞《まい》ひて祭る。」

そして『日本書紀』の補注は次のように書く。「三重県有馬の海浜に花の窟という巨岩があり、毎年二月、十月に巨岩から附近の松の梢に注連縄を懸け、神官や村人が花を供える。古来の行事で、夫木集・山家集などにもこの有馬村の祭をよんだ歌がみえる。なおこの所伝、記には『伊邪那美神者、葬下出雲国与二伯伎国一堺比婆山之山上也』とあり、熊野という地名、その他神社名で紀伊・出雲国に共通するものが多い」（日本古典文学大系『日本書紀　上』補注1―四六）。

イザナミを奉じる人びとはおそらく出雲をへて熊野へ行き、そこでもイザナミを祀ったのだろう。有馬村の巨岩には死んだイザナミが籠り、その女神の魂を花で祭るこの祭りは、イザナミを追悼しその徳を称え、甦りを祈るものであったにちがいない。

ちなみに縄文人は死者に花を供えたことを、花粉分析の結果は示している。縄文草創期である一万年以上前の長野県野尻仲町と、五〇〇〇年前の北海道紋別町エサンヌップ3遺跡である（〔山田悟、一九九三〕、佐原真『佐原真の仕事1　考古学への案内』岩波書店、二〇〇五）。

奥三河の花祭りの源流

この祭りは、奥三河で毎年太陽暦一一月から正月、三月にかけて行なわれる「花祭り」の源流になった祭りだとわたしは考えている。花祭りは湯立てを中心として行なわれる霜月神楽の一種で、もとは霜月（陰暦一一月）の冬至に行なわれていたのではないだろうか。冬至は〈陰きわまって陽始まる〉太陽の死と再生の時期である。花の時期ではないから、人びとは紙で花をこしらえてイザナミを祀ったのだろう。

熊野の有馬村では、イザナミは毎年二月と一〇月に祭られた。おそらくこれがより古い形だと思う。陰暦一〇月は出雲の神在月であり、前述した佐太神社の古伝によれば、出雲でイザナミ追遠の集まりが行なわれる月である。この時期なら、菊や山茶花などの花々が咲いている。

奥三河とは、愛知県、静岡県、長野県の三県に接する天竜川沿いの山岳地帯である。「中世のころ、この山地に住みついた巡行の宗教者たちの呪術が山村の民俗と集合して固定するようになった」という記述（『日本民俗芸能事典』第一法規出版株式会社、一九七六）からは、山村の人びとに語りつがれてきたイザナミの記憶が感じとれる。

天竜川は諏訪湖から流れ出て伊那山地を貫き、奥三河を通って遠州灘に注ぐ大河である。その上流域の伊那谷は〈富士眉月弧〉の西南端に位置し、とくに下伊那地方は縄文時代の中期後葉に、独自な土器文化が栄えた地域である（『井戸尻』第8集）。伊那郡天竜村では、早川孝太郎が大著『花祭』（岡書院、一九三〇）で「大河内系」に分類した大河内の霜月神楽が行なわれている。天竜という名前も蛇＝月を表徴し、国をことにして何十里も流れていたにもかかわらず名前の変わらない珍しい川である。

花祭りは古い祭りである

全く村人の手ばかりで行なわれるのもこの祭りの特色であり、神官は最小限度の儀礼を行なうにすぎない（松平斉光『祭』平凡社、一九九八）。そして舞人も見物人も一緒になって一晩中にぎやかに騒ぎつづける。これは祭りを完成させる古い形である（宮尾しげを『諸国の祭と芸能』三省堂、一九八〇）。

また早川氏によれば、花祭の舞いはすべて大地を踏みしずめる式で、それも抑えるような重苦しい感じではなく、「あたかも何ものかが空間に揺動するような感をあたえた」という。舞いの最初には「地固めの舞」が奉納される。「大地を大勢で踏みならすことは、大地の神霊を鎮め和《なご》め、またその力を味方につける呪儀」である（「銅鐸小考」、三品彰英論文集第五巻）。これもこの祭りの古さの一つの証しであろう。

熊野の古い月の文化

花祭りには熊野や白山の修験道の影響があるといわれるが、この祭りはまず出雲から熊野へ伝わり、さらに修験者たちによって奥三河に運ばれたにちがいない。折口氏は、「熊野というところは、出雲から移ったもので、植民したとでもいおうか。（略）しかし、まったく熊野に移ったのではなく、出雲の勢力が強かったので、おのずから熊野はその植民地みたいになった」とのべている（「出雲の田遊び」『折口信夫全集　ノート編第五巻』中央公論社、一九七一）。花祭りは伊勢からきたという伝承もある。

しかしその背後には、古くからの熊野の月の信仰文化があったと思われる。熊野三山の神社はいずれもカラスを神の使としているが、その一つ熊野速玉神社の攝社である神倉神社の拝殿のなかには、ゴトビキ岩と呼ばれる巨岩があり、御神体として祀られている。ゴトビキとは熊野の方言でヒキガエルのことだ。毎年二月六日（もとは旧暦正月六日）夜、灼熱の松明群のなかでお灯《とう》祭《まつり》が行なわれる。

古代中国では太陽にはカラスが、月にはヒキガエルが住むと信じられていた。ゴトビキ岩のそばの経塚の最下層の一枚岩の上からは、袈裟襷（ケサタスキ）文の銅鐸片二二個が発掘されている。平安時代末に成立した『熊野権現御垂迹縁起』によれば、熊野神が熊野に最初に天降った地がゴトビキ岩のある神蔵峯であるという。この峯は、原始熊野信仰を物語る聖域である（「熊野と三所権現」『神仏習合の本――本地垂迹の謎と中世の秘教世界』学習研究社、二〇〇八）。

熊野には、ほかにも解読が待たれるいくつもの信仰や伝承がのこっている（澤村経夫『熊野の謎と伝説』工作舎、一九八一、および下村巳六『熊野の伝承と謎』批評社、一九九五）。

白山＝イザナミの胎内での生まれ清まり

花祭りの神楽のなかには、今は行なわれていない〈生まれ清まり〉という死と再生の思想をもつ行事がある。折口信夫はこの行事について、次のようにのべている。

「わが国では、第二の誕生ということを考えている。この世に出現するのが第一の誕生で、その後、生まれ変わるという信仰がある。いわば第二の誕生である。（略）三河の北設楽郡の花祭りで、『うまれきよまり』という語をよく聞いた。しかし、花祭りには、今そのうまれきよまりという行事はない。今している花祭りは長い神楽の一部で、三河の山奥の神楽は、もとは七日七夜しても尽きなかったと言う。そのうちの一部分だけをとって、今日、花祭りとして行のうているのだと言うている。その神楽のなかに、うまれきよまりという行事があって、この意味を花祭りのなかにもっている。（略）どんなことをしてからは、今ではわからぬ。しかし、うまれきよまりは、そう言うただけでわかるように、日本の古い昔の語である」（『うまれきよまり、さだかさ」『折口信夫全集ノート編』第七巻）。

びやっかい（白蓋）あるいはびやっけという装置が神楽のシンボルなのだが、白蓋とは五色の切紙を天蓋のわくにはった華麗な大型の御幣のようなもので、これを舞う場所の天井から吊るす。これを中心にして人びとは踊るのである。早川氏の『花祭』の解説として書いた文章のなかで、折口氏はこの白蓋の原型は白山というものだろうという。

白山は現在の神楽には残されていないが、真っ白に彩られた入れもので、そのなかに人間がはいり、出てくることで新たに生まれ変わるのである。安政二（一八五五）年以前に愛知県北設楽郡の奥三河で行なわれていた白山の儀礼は、花祭りの最終段階に浄土入りといういいかたで、六〇歳になった男女をそのなかに入れて、その建物、白山を破壊し、そのなかから新しい子どもとなった人々を誕生させるという行事であった（宮田登『ユートピアとウマレキヨマリ』吉川弘文館、二〇〇六）。

白山はイザナミの胎内のシンボルである

この白山こそは、イザナミの胎内のシンボルであるとわたしは考える。そこに入ることは、「鼠浄土」の浄土に入って再生することと同じなのである。花祭りの〈花〉には稲の花の実りを願う祈りがこめられているといわれるが、〈花〉は豊穣多産な大地母神イザナミの陰所《ホト》のシンボルであろう。人びとは〈花〉を通り、その胎内に抱かれてもう一度生まれ直し生まれ清まることを願いつつ、花祭りを行なったのだ、イザナミの胎内で死から甦ったオオクニヌシのように。

女神は花、男神は矢

イザナミのホトのシンボルである〈花〉は、井戸尻遺跡の下原12号住居から出土した深鉢に象形されている。ほぼ四つの花弁をもつ花模様を、矢印をした頭部をもち胴体を丸めたへビが右巻きに巻いている（図7）。また曽利出土の蛇文深鉢のへりにも、頭をもたげたへビに隙間なく巻かれた、多くの花弁をもつ花模様として造形されている。〈まく、婚《ま》く、娶《ま》く〉（かき抱く、抱きしめる）という古語そのままの、魅力的な造形である。花はイザナミのホトのシンボルなのだ。

〈花〉は考古学的には環状文と名づけられ、暗い月、古い月を表すとみなされる。いっぽうヘビは、甦った新月の光にたとえられる（『井戸尻』第８集）。深鉢の内部は、イザナミの胎内として観念されているのだろう。矢印の形をした男根は、記紀の三輪山伝承や丹塗り矢伝承に登場するヘビ神の原像であり、かれらが月神だという証拠でもある。

女神が花に喩えられるホトとして、男神が矢やヘビに喩えられる男根として造形されるのは、驚くほど具体的であっけらかんとしたシンボリズムである。しかしそれらは決して、〈モノ〉としてのホトや男根を指すのではない。とくにイザナミは、ヘビの男神が出現する前から井戸尻の土器に現れている大地母神である。〈花〉は豊かな創造力や再生力など、イザナミの大地母神としての〈徳〉を表しているのだ。だからこそイザナミの魂は美しい花によって飾られ、末代まで称えられなければならないのである。

図７　三角頭の蛇　下原遺跡

子宮の血は月の花であった

花は経血の隠喩でもあった。英語で花を意味するflowerは、「溢れる（flow）もの」という重要な字義上の意味をもっている。聖書も経血を花と呼び（『レビ記』15：24）、子宮の「果実」（子供）の先触れとしている。花が未来の穀物や果実を神秘的に内包するように、子宮の血は月の花であって、未来の世代の霊魂を内包すると考えられていた。

経血の神秘性について、諸民族は「経血が固まって人間を作る」（アフリカ）、「人間の生命は経血の『凝固』から作られる」（アリストテレス）、「すべての人類は、原初の『月の血』から作られた」（南アメリカ先住民、メソポタミア）などといい伝えてきた。バーバラ・ウォーカーによれば、「経血についての基本的な考え方はヒンズー教の教理からきている。太女神が創造を行なうとき、彼女の本質（経血）は濃くなり、凝固物、あるいは凝塊を形成する。すなわち固い物質が『外皮』として作られる、というものである。こうして太女神は宇宙を生んだが、女性は同様の方法を、より小さな規模で用いている。」

ウォーカーはこうも書いている。「人類の最古の文明時代より、月の朔望と明らかに一致して生じ、ときには子宮に滞留して『凝固』し、嬰児となる女性の血の中には、創造の神秘的魔力があると考えられて来た。男性は聖なる恐れを抱いて、男性の経験とは全く関係のない、不可解にも苦痛を伴わずに名が割れるこの血を、生命の精髄とみなした。／月経を表わす語の多くはまた、不可解、超自然的、神聖、精気、神性というようなものをも意味した」（『神話・伝説事典』大修館書店、一九八八）。

豊穣をもたらす聖なる血

経血に限らず、この文化には後世みられるような血の忌みは存在しなかった。むしろ血は豊穣をもたらす聖なるものとして崇められていた。いうまでもなく縄文人は狩猟の民、森の民でもあった。血を神聖視する価値観は、ギリシアのディオニュソス神話にも顕著である。血を神聖視し、月母神に血なまぐさい生け贄を捧げる習慣には、おそらく旧石器時代以来の狩猟の記憶がしみついている。

『播磨国風土記』讃容郡の条には、伊和大神の妹タマツヒメノミコト(玉津日女命)が生きた鹿を捕えてその腹を裂き、その血に稲を蒔いたところ一夜のあいだに苗が生えたという逸話が載っている。彼女はその苗を田に植えて、土地占拠の競争に勝ったのである。鹿の生血を苗代として稲種を蒔くのは、早く発芽させる呪術的な播種法であろうという(日本古典文学大系『風土記』註)。

諏訪の守屋史料館に再現されている供物の一つには、太い木串で射抜かれた白兎がある。木串は木桶に入れた稲籾のなかに差し込んであるのだ。「おそらくこの稲籾には、木串を伝って流れ出した兎の真っ赤な血が染み込んでいたに違いない。すなわち、ここには、獣の血によって稲の生育が促されるという古代の血に対する呪力進行(『播磨国風土記』讃容郡条)が生き続けていたといえよう」と六車由実はのべている(『神、人を食う——人身御供の民俗学』新曜社、二〇〇三)。

白山は朔の月が籠るところ

生まれ変わりの問題に戻ろう。折口氏は次のようにものべている。「生まれ変わるということは、そのまま連続して、生まれ変わるということではない。たいてい、じっとしていて、そこから出てゆくと、生まれ変わったことになるのである。（略）神でも、鬼でも、女でも、中から出てくると、偉い力をみせることが多い。それはつまり、昔の人が神事を行なうのに、謹慎してじっとしている場所があって、そこから出ると、神に近い人間として、不思議なふるまいをするという形式が固定してしもうて、そこにはいっていて、神になり、鬼になり、また力のあるものになって出てくるのである。」

「白山というのは、白いきれが敷いてあるからだというが、早川さんの本で見ると、白い布で隙間なく蔽ってあるようである。白山から出ると、生まれ変わる。威力のある鬼が出てきて、山を断ち割る仕組みができている。（略）ともかく、みな、ひとつづきの考えであることだけは疑いない。じっと謹慎している。場所を選んで、山の中でじっと謹慎している。この変化は、われわれには説明し尽せぬ。じっとしていることは、魂がその中にこもっている人の体にはいって、完全に落ち着くことである。すると、生まれ変わって出現してくるわけである。この出現することを『ある』という語で表現している。」

白山はイザナミの胎内のシンボルであるが、それは同時に月が朔の三日間籠るところ、更新された神秘の力をもって甦るために籠るところだと考えられる。

成人式の試練、三相一体と三角形の意味

穀霊オオクニヌシも朔の三日間、スサノオの課した試練をへてはじめて新月として甦ることが

できたのだ。三という数は、試練をへての復活を意味する数である。この試練を古代の成人式の記憶とする見解が多く、それはある意味で正しいとしても、成人式そのものが朔の三日間の試練をなぞっていたと考えられる。『図説　世界女神大全Ⅰ』は、「三」は「月の暗黒の時間すなわち妊娠状態を表わす数字であり、生と死がどう転ぶかわからない状態である時に、すべての文化に認められる数字でもある」とのべている（第六章）。

キリストが死後三日目に甦ったという信仰は、月が朔の三日間の死をへて新月の光として甦る現象にもとづいている。三日目の甦りは、キリスト教が生まれ、広まった地中海沿岸地方に深く根づいていた信仰だったのである。

父と子と精霊の三位一体の思想も、旧月・新月・満月という月の三相一体からきている。月女神は三相一体の女神であり、「太古の昔から太女神は概念的には三相一体であり、以後のすべての三相一体の原型であった」とウォーカーは書いている。

その象徴が、三角形である。「タントラの伝承によれば、三角形は原初のイメージ、すなわち、女を表わす生命の三角形であった。」それは女陰のしるしとして知られていたのである。ギリシア語でも、「アルファベットの第4文字デルタすなわち三角形は、万物の母デメテル（「母なるデルタ」）の聖なる扉、つまり女陰の象徴であった。」また、「たいていの古代の象徴体系では、三角形は太女神の処女―母―老婆の三相一体のしるし、また同時に、あらゆる生命の源である」（ウォーカー『神話・伝承事典』）。

石神の隠れた意味

オオクニヌシはスクナヒコナと共に、岩窟のなかに祭られる石神としての様相をもっている。『出雲国風土記』にこの神の猪を追う石像が記され、『万葉集』巻三に、〈大汝、少彦名の、いましけむ、志都の石室は……〉と歌われ、また『文禄実録』に、常陸鹿島郡大洗礒前の海岸に出現した石神が、「われは大奈母知少比古奈命《おおなもちすくなひこなのみこと》なり」と宣託して祀られていると記されている（『神話伝説辞典』）。

また『出雲国風土記』飯石郡の条は、古老の伝えとして、琴引山の峯に窟《いわや》があり、「裏に天《あめ》の下《した》造らしし大神の御琴《みこ》あり。（略）又、石神あり」と、その大きさを記している。石神が石琴を弾いている形に山を見立て、琴引山と名づけているのだ。人びとはオオクニヌシがスサノオから得た天の詔琴のことを、こうして語り伝えてきたのだろう。

石や山は、月神が昼間や朔の三日のあいだ籠るところだ。これらの例は『石神問答』（『柳田国男著作集』15巻）における柳田国男をはじめ民俗学者たちを悩ませてきた「石神」の隠れた意味を暗示する原像である。「石は本質的な存在、すなわち衰退に支配されず、むしろすべての現象の彼方か下方に存続する魂、もしくは活力のある生命の霊《スピリット》を象徴していた」と、『図説　世界女神大全　I』はのべている（第二章）。

銅鐸の祭りとその終わり

神無月《かんなづき》の由来を語り伝えてきた出雲大社の神迎えと神送りの行事は、近年出雲西部から大量に発掘されて古代出雲のイメージをぬりかえた、銅鐸を用いた祭りではなかっただろうか。銅鐸には月信仰を示す多くの三角紋、鳥の足や人間の手の三本指をはじめ、流水紋、水辺の生物などが描かれている。おそらく集落の境界で行なわれたその祭りでは、動物供犠が奉納され、神との共食とともに芸能が演じられて、月母神に捧げられたにちがいない。

出雲大社をはじめとする各地で銅鐸の祭りが途絶え、銅鐸が山の中腹に埋められたとき、月の共同体の時代は終わりを告げた。小共同体がもっていた銅鐸が矢つぎ早に埋納されたり、各共同体から集められた銅鐸が大量に埋納されたのは、寺沢薫氏によれば一世紀中頃のことだという。この時期の政治的、軍事的な緊張に理由があったと思われる。そして銅鐸についての記紀の完全な沈黙は、その祭祀が禁忌の対象にされていったこと、銅鐸の祭りが行なわれていたという事実そのものを、ヤマト政権が消したかったことを示している。

クニを越えた部族国家からヤマト政権へ

弥生後期になると、出雲を中心に鳥取、富山などに四隅突出型方墳という人手のような墳墓が現れる。これは四隅が放射状に突出する方形の墳丘墓で、弥生時代Ⅳ期から終末期に属し、中国山地から山陰・北陸に分布する。起源については、現在では貼石のある墳丘墓からの自生と発展を考える説が支持されている。定型化した古墳の出現後は急速に消滅する。Ⅴ期には山陰を中心とした首長のあいだに、同じ葬送儀礼の採用に象徴される政治的なまとまりが生まれていたことをうかがわせる（『日本考古学事典』）。

寺沢氏は、「イヅモの巨大四隅突出形方丘墓はクニを越えた平野ごとの国の王族の墓として二世紀末に一斉に出現した」とのべている。そして唯一発掘された出雲市の西谷三号墓の王は、吉備の倉敷市楯築《たてつき》の王と政治的、祭祀的に関係をもっていたと指摘している。そこではこれまでとは別の、首長霊継承のための秘儀が行なわれていたという。

寺沢氏は「倭国乱」と呼ばれる混迷期を、これまでの説のような二世紀後葉〜末ではなく、考古学の成果を重視して、三世紀のごくはじめと推定している。それは中国の後漢帝国の衰えとともに北部九州のイト国の権威が失墜するなか、瀬戸内以東の国々が新しい枠組みを求めて互いに牽制しあっている状況を示していたという。

その混迷は卑弥呼の共立によって一応の解決が図られたが、時を同じくして奈良盆地に、ヤマト王権の最初の王都と考えられる桜井市の纏向《まきむく》遺跡が出現する。この王都は筑紫、吉備、播磨《はりま》、讃岐《さぬき》、出雲、のちの近畿の国々の合意のもとに建設された、新しい倭国の権力中枢であった。そのカードを握ったのは吉備だったと、寺沢氏は推測している（寺沢、前掲書）。

天皇家の子孫を月神から遠ざける

こうして成立したヤマト政権は、これまでみてきたように、真の神話的始祖である大地母神イザナミを悪女として天皇家の血脈から切り離し、男神イザナギの鏡や左の眼から生まれたともいうオオヒルメノムチをアマテラスに昇格させて、虚構の始祖神話をつくりあげたのである。

ギリシア神話には主神ゼウスの頭部から完全武装してとび出してきた女神アテナがいるが、アテナには大地母神だった痕跡がのこっている。アマテラスにも父から生まれ、スサノオの来訪を武装して迎えるなど、父の娘・軍神のおもかげがある。ともに父系化、父権化にともなう神話の改変であろう。

アマテラスとスサノオの子生みも、誓約をして互いの剣や珠から子を得たとしているが、これも二神の結婚を間接的なものにし、天皇家の子孫を月神スサノオから遠ざけるための作為であろう。本来の神話は、月神スサノオと機織姫オオヒルメノムチが月光感精によって交わり、やがて天《あま》の真《ま》名《な》井《い》あるいは天安川《あまのやすかわ》のほとりで子らが生まれるというものだったにちがいない。日本の伝承に多い、水辺の母子神の原型の一つである。

春にきて秋に去る神は月ではないか

月の大地母神であるイザナミは、死後も神迎えやカラサデ祭り、花祭りなど人びとの祭りのなかで、死と再生の太陰的循環を繰り返してきた。そして陰暦一〇月は、秋になると山へ帰る山の神を送る時期にあたっている。

山の神が春に里に下って田の神となり、秋にはふたたび山に帰るという考え方は広く信じられてきたが、その山の神とは月母神イザナミ以外のなにものでもないとわたしは考える。もっともイザナミは縄文以来の女神だから、田の神というより畑の神という方がふさわしいのだが……。人びとは秋に山へ帰る月と、出雲から国へ帰る神々の一行とを重ねあわせて、秋の収穫祭をしたのだろう。それは収穫を感謝し、イザナミの徳を称える祭りだったにちがいない。

神々が帰っていく地としては、まず北陸がイメージされていたにちがいない。

『井戸尻』第8集には、二〇〇〇年三月と一〇月にクリノコムパスで観測した井戸尻考古館附近の月の運行の軌跡が載っている（図8）。月は春には膨らんでいく上弦の月として田畑に降り、収穫を終えた秋には、痩せていく下弦の月としてその光を東の空に消すのである。

「春には、上弦の月が一年中でもっとも高い位置で光り初め、下弦の月がもっとも低い位置で光り終える。秋には逆に、上弦の月がもっとも低

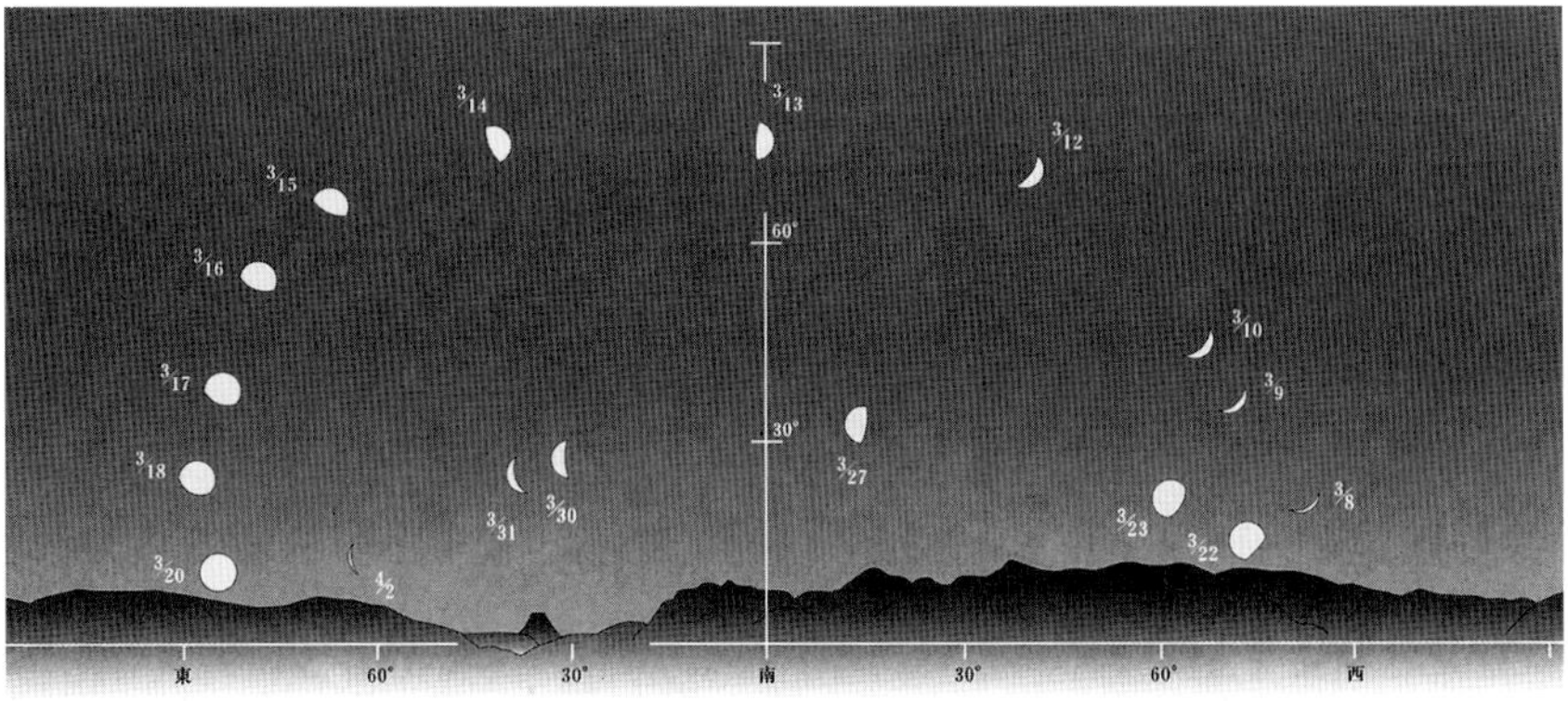

2000 年3月　井戸尻考古館付近　クリノコムパスで観測　方位は真北に置換

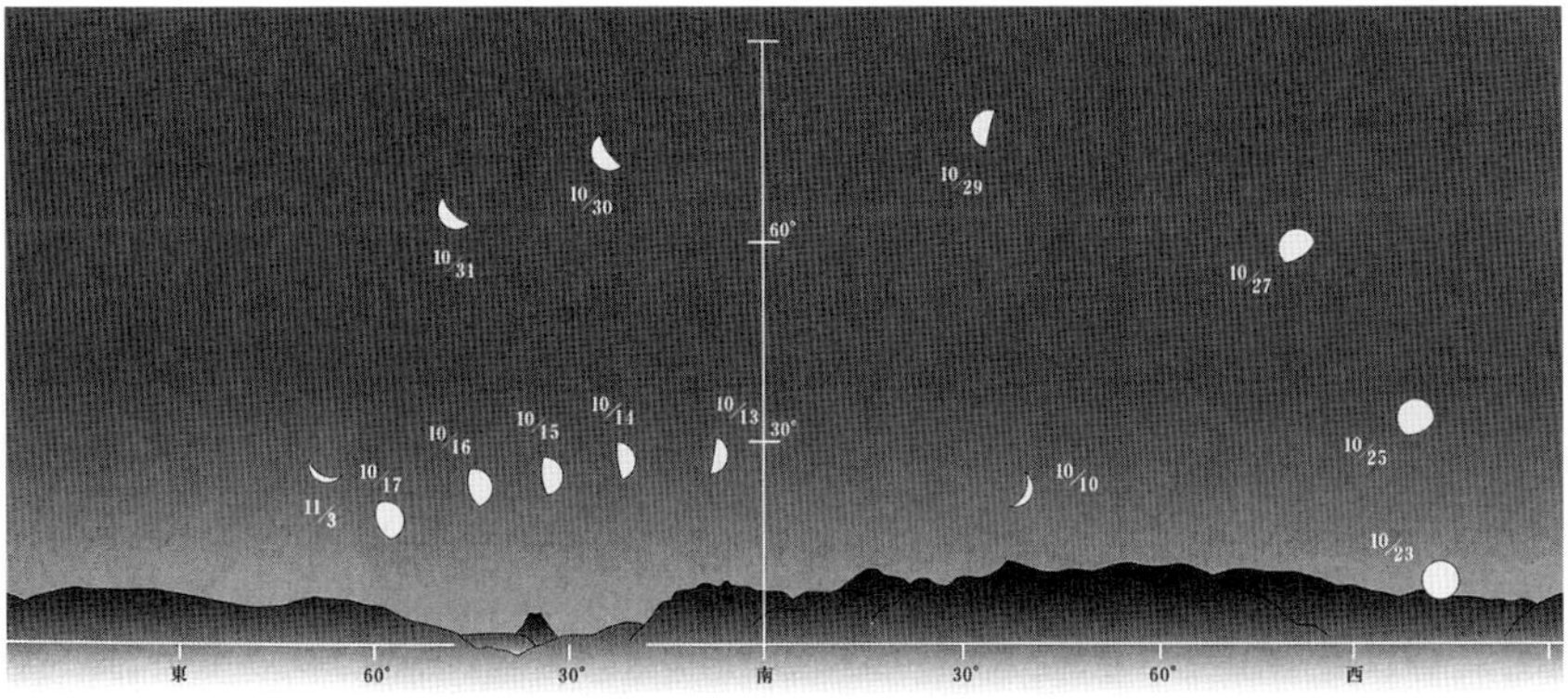

2002 年3月　井戸尻考古館付近　クリノコムパスで観測　方位は真北に置換

図8　光り初める月と光り終える月—その行程の軌跡

い位置で光り初め、下弦の月がもっとも高い位置で光り終える。すなわち上弦の月は春を、下弦の月は秋を司っている。／それゆえ、西の夕空に誕生した三日月の成長の軌跡は春のものであり、有り明けの東の空に消滅する旧い三日月の減殺の軌跡は秋のものである。」

秋になると下弦の月がもっとも高いところを通って消えていくことが、なによりも月母神が遠くへ去ってしまったことを、人びとに実感させたのではないだろうか。

人びとは季節によって規則的に移り変わる月の満ち欠けやその位置をよみながら、農作業を行ない、恋をしてきた。とくに畑作農業にとって、月がもたらすと信じられた夜露は大切なものだった。十日夜《とおかんや》をはじめとする秋の収穫祭には神送り行事が濃厚だが、それは縄文時代の穂首刈りの伝統を受け継いでいるためだと考えられる。

水稲農業においても、春耕に先立つ田の神降りにも、苗代作りから種まきのころの水口祭りにも、また田植祭りにも、神迎えの色彩は強い（『神話伝説辞典』）。

月の軌跡・とぐろを巻くヘビ

図8の月の運行図の行程をなぞると、まるでとぐろを巻いていくヘビのようだ。ヘビと三日月の類似点について、小林氏は「月の運行の軌跡のようにとぐろを巻くこと」を「細長くて鱗がよく光ること、脱皮して生まれ変わること」と共に挙げている。

『図説　世界女神大全Ⅰ』は、ブランシャールの岩陰から出土した飾り板に彫りこまれた刻印を、顕微鏡によって分析し図式化したものを掲載しているが、その図もやはりとぐろを巻くヘビにそっくりだ。著者たちはいう。「時々、月の表示法は出土した骨片の上に蛇状の道筋に沿って刻まれていることがあるが、それは月と蛇との間に存在した古くからの関係を理解するのに役立つ。というのも、月は死に、そして再び生に回帰するように、蛇は脱皮してもなお生きているからである。蛇は常に、後でそうなる予定のものに、すでに成っていなければならない、再生と変容の表象なのである」（第一章、図18）。

月・ヘビの信仰文化複合

イザナギ・イザナミのナギ・ナミや、ヒナガヒメのナガは、皆蛇体を表す名であろうと、高崎正秀はいう（『文学以前』桜楓社、一九五八）。日本でもウナギ、アナゴ、ナガムシなどを見てもわかるように、ナガ、ナジ、ナミなどの語は東南アジアの Nāg, Nāgi などと同じく、ヘビ属、水霊を表す名であった（柳田国男『西は何方』一九四八、および松前健『日本神話と古代生活』第五章）。竜蛇崇拝の信仰は、東南アジア系のものであろうと松前氏はいう。

太陽神イザナギにも、ヘビの痕跡が名前にのこっているのは興味深い。井戸尻文化圏の人びとは、冬至の太陽をも死から甦るヘビ神として迎えたのだろうか。

井戸尻遺跡の深鉢は花を抱くヘビの造形をもち（それらは頭を大きな三角形につくったものが多く、マムシとみられている）、その地長野は「ナガ」の名をもっている。同じ圏内の山梨も、古くは「山ナジ」だったのではないだろうか。

松前氏によれば、太陽・ヘビの信仰文化複合は、エジプトやシュメルなどの古代近東方面の民族にその源流を求めることがほぼ可能だが、月・ヘビの信仰文化複合ははるかに古い起源をもち、かつ広大な分布をもっている。この信仰については、フレーザー、シュミット、ヘンツェ、石田英一郎の諸氏がそれぞれ世界的な視野で概観している。ヘンツェ、石田氏などは、シベリヤのイルクーツク附近マルタの、旧石器オーリニヤック文化遺跡から出土したマンモスの牙製の長方形の板片が、そうした信仰文化を表すものであると説いている。その一面には満ち欠けする月のシンボルらしい特殊ならせん模様が、他面には三匹のヘビの形が刻まれている。

月の大地母神が息づくところ

記紀編纂の最大の目的は、天皇家の祖先を月の大地母神イザナミから切り離し、月神ツクヨミを消してその身代わりの出雲のスサノオを、アマテラスに反抗する悪者に仕立て、梅原猛が『水底の歌』(新潮社、一九七三)で書いたように、藤原不比等を思わせる天空の指令神タカミムスヒと、持統天皇を思わせるアマテラスの上に、天皇家の系譜を組み立てることであった。それは月を崇めてきた大多数の人びとをおとしめ、かれらを支配し統治する唯一絶対の権力を天皇家が独占するためであった。ギリシアのオルフェウス神話やユダヤの伝承まで借用して作られたその神話は、「古代天皇制の観念的支柱」(直木孝次郎『伊勢神宮と古代の神々』)となったのである。

ヤマト政権はこうした神話や祭祀や制度によるイデオロギー操作によって、縄文・弥生以来の月の信仰文化を周縁や地下に追いやり、太陽神信仰のもとに専制的な支配を確立していった。殺傷戒をもつ仏教の力を借りて縄文的な狩猟・肉食を禁止し、湿地を埋め立て森を伐採させて、租税のもととなる水田耕作を広げていったのである。

しかし記紀神話がまだ形成途上にあったと思われる持統三（六八九）年、宮廷歌人柿本人麿は持統天皇の子草壁皇子《くさかべのみこ》の死去を悼んで、うたった。「天地《あめつち》の　初《はじめ》の時　ひさかたの　天《あめ》の河原に八百万《やほよろず》　千万神《ちよろづがみ》の　神集《かみつど》ひ　集《つど》ひ座《いま》して　神分《はか》り　分《はか》りし時に（略）葦原《あしはら》の　瑞穂《みずほ》の国を天地の　寄り合ひの極《きはみ》　知らしめす　神の命《みこと》と　天雲《あまくも》の　八重《やへ》かき別きて　神下《かむくだ》し」云々と（『万葉集』巻二、一六七、日本古典文学大系『万葉集一』岩波書店）。

ここで注目されるのは、草壁になぞらえられた「日の皇子《みこ》」の降臨計画には、タカミムスヒのような指令神は存在せず、天の河原に集まった神々が相談して決めたとうたわれていることである。これは纏向遺跡から推測される、三輪王朝の成立事情とも符号している。

過去を消し、記憶を改竄することは、人をニヒリズムに導く。民族の場合も同じである。これまで考えてきたように、富士眉月弧と呼ばれる中部・関東こそは日本神話の主な原郷であり、ヤマト政権が消そうとしても完全には消し去ることのできなかった月の大地母神イザナミが息づくところなのだ。イザナミの恵みとイザナミへの思慕は、日本中じつに広い範囲にわたって深く根づいていたのである。

注

（1）松村武雄はこの二度目の死は「ある種の呪術宗教的な儀礼をその成因としてゐる」といい、次のように書いている。「多くの民族は、arboreal rites（樹木儀礼）の一として、死者の体を木の俣に懸ける儀礼を有してゐる。フリギアの民衆は、作物の成長豊穣を祈るマルシュアス神（Marsyas）の死霊者を殺して、その体もしくは皮を松の樹の俣に懸ける儀礼を有してゐた。」そしてかれらは「死体または皮がおのづから顫動するのを見て、死人がどこかで生き還つた証徴であるとなした。木の俣に挟まれて死んだ――若しくはより正しくは死んで木の俣に挟まれた大国主命も、さうした死に方をしたことそれ自身によつて、おのづからなる生き還りを儀礼的に約束され或ひは規制されてゐたわけである」（「大国主神の神話」『日本神話の研究』第三巻、培風館、一九五八）。

またディオニュソスがやってきたという伝説のあるギリシアのイカリアには、葡萄が実るころ豊作を願ってその木にいろいろなものをぶら下げる習慣があるという。籠や木切れや壷などなんでもいいが、昔は人間の顔形を彫った円盤や人形が吊るされたようだ（楠見千鶴子『ディオニュソスへの旅』筑摩書房、一九八七）。神への生け贄という意味があったのだろう。

（2）「スサノオ・冬至に日の巫女と交わる月のシャーマン王」（『光の神話考古――ネリー・ナウマン記念論集』言叢社、二〇〇七参照）

（3）リリスはヘブライ神話体系のなかで生命力の暗い相の役割を引き継いでいる。リリスは第二の妻よりも劣悪な、アダムの最初の妻であった。しかし、ユダヤ伝承でこの役割を演ずるために選ばれたのは、シュメールに起源する存在、「大気」ないし「暴風」を意味するリルという名前の栄えある天の女王であった。リリスがもつ対等の連れ合いという役割は、伝承においては不従順として取り扱われている。だからこそ第二の妻イヴに関しては正しくこの点が修正されたのであった。リリスは神の神秘の名前を唱えながら紅海の荒野へと飛び去った。神は三人の天使を遣わしてリリスを連れ戻そうとした。天使たちはアダムのところに帰らないとリリスの悪魔の子供たちを日に百人ずつ失うことになると脅かしたが、彼女は、自分は人間の子供たちの命を奪える力をもっているのだと警告した。旧約聖書には、夜としてのリリスがきーきーと鳴くフクロウであるという箇所が、イザヤ書の34章14節に一つだけある（『図説　世界女神大全Ⅰ』）。

あとがき

この本で、わたしは神話と民話と遺跡・遺物の三つの方面から、月の大地母神イザナミと出雲の穀霊オオクニヌシの神話を読み解いた。そのきっかけとなったのは、オオクニヌシがネズミ穴に隠れて野火から逃れたという、『古事記』の語る神話についての折口信夫の洞察であり、また長野県諏訪郡の井戸尻考古館を中心に、ドイツの女性日本学者ネリー・ナウマンを先駆者として進められてきた、井戸尻遺跡群の月の文化の研究であった。執筆の過程では、三品彰英をはじめ広い視野とすぐれた洞察力をもった先達の仕事を、大いに参考にさせていただいた。

そしてなによりも、神社の古伝や神事、民衆の祭り、人びとの暮らしのなかに保たれてきた月の信仰文化の記憶が、日本の大地に広く深く根づいていたイザナミへの想いを、わたしに伝えてくれた。

月については近年日本でもかなり関心が高まっていて、月の暦だけでも何種類も発行されている。それは月の文化が育んできた生と死と再生の循環的な自然観や人間観を近代社会が否認しつづけてきたため、その機械的な自然観と、線的《リニアー》な歴史観のなかで、人びとが窒息しかけているからだと思う。記紀神話を月の観点から読みなおす試みも、始まっている。

これまでの研究は、神話は神話学者、民話は民話研究者、遺跡や遺物は考古学者というように縦割りになされ、他の領域に踏みこことは避けられていた。しかしその固い枠をとり払って横断的・

総合的に見ていかなければ、八世紀の支配者たちが全権力、全知力を尽して仕組んだ構造的な罠から、わたしたち自身を解放することはできないと思う。

その視野のなかに浮かび上がってくるのが、国家の歴史よりはるかに長く、一万年以上もつづいた縄文時代と、それにつづく弥生時代の文化である。そして文字のない時代の文化を知るために不可欠なのは、シンボルの解読である。

井戸尻の図象学的研究を例外として、これまで〝形〟をよむこと、シンボル表現をよむことが、余りにもおろそかにされてきたと思う。文字をもたない人びとが土器や石器や住居や集落の形のなかに印した〝意味〟は、当時の人びとにとってはおそらく自明だったのであり、かれらはそれらの形を通して神々と通信し、お互いにコミュニケーションをとっていたのだ。しかもそのシンボル体系は、かなりの程度世界的に共通した、普遍的なものだったことがわかってきている。

わたしはこれまで、岡本かの子など近代女性作家の作品をフェミニズムの視点に立ち、隠喩やシンボルの解読によって解読してきたが、その方法は神話解読においても非常に役に立った。またかつて高群逸枝の母系制の研究について考え、書いたことが、歴史を考える上でのベースになっている。

わたしはこの本で、いくつかの新しい説を提唱している

①オオクニヌシ神話のなかのネズミ穴は、女神の胎内に比定される井戸尻遺跡群の、ある時期の住居や集落と対応し、月の大地母神イザナミの胎内を象徴している。

②記紀におけるイザナミとイザナミの神婚神話は、冬至の太陽光がこれらの住居と集落の入口

に射しこむ現象をもとに形成された。したがって、この神話は日光感精神話である。
③井戸尻文化圏が寒冷化・父権化しつつあった縄文時代末ごろに、イザナミを奉じる人びとが井戸尻遺跡群の地から出雲に、北陸をへて海路で移住した。イザナギを奉じる人びとがあとを追ったが、月の文化が根づいていた出雲の北東部で追い返され、二神は離別した。
④前者のもたらした智恵と技術が、出雲西部の開拓に大きく寄与し、のちにオオクニヌシの名でまとめられる初期の王たちの全盛期を導いた。
⑤諏訪湖から流れ出る天竜川沿いの奥三河の「花祭り」は、イザナミの徳を称え、その胎内での死からの再生を模倣し、経験する祭りであった。
⑥出雲の佐太神社で今日も行なわれているカラサデ祭りは、穀霊オオクニヌシの祭りであり、古伝が伝える通り、イザナミ追遠の祭りである。そこにはイザナミの海路による出雲入りの、遠い記憶が隠されている。
⑦ヤマト政権は月の大地母神とのつながりを否認するため、間接的で不自然な子生みを記紀神話に導入し、天皇家の祖先をイザナミとスサノオから切り離した。イザナミを悪女に、スサノオを乱暴者に描いたのもそのためである。
⑧春に里に降って田の神となり、秋にはふたたび山へ帰ると人びとに信じられてきた神とは、月の大地母神イザナミではないか。

執筆の過程でわかってきたことは、少なくとも神代に関するかぎり『古事記』より『日本書紀』の方が、古い、本来のものと思われる神話を本文や一書に記していることであった。『古事記』『日本書紀』『万葉集』の順に記録が成立したというこれまでの常識とちがって、『日本書紀』『万葉集』がまず成立し、『万葉集』編纂の途中で『古事記』が編まれたという最近の研究に、わたしはリアリティを感じている。

この本で書いた説をさらに説得力あるものにするためにも、イザナミ・イザナギの神婚について記紀が隠蔽し、消去した日光感精神話、月光感精神話についてより詳しく考えたいと思っている。また太陽神イザナギが出現する前の先住のヘビ神たちについても考察をすすめ、暗い月を象徴するヒキガエル（女性）と、暗い月から生まれる新月の光を象徴するヘビ（男性）との関係を描いた神話や民話や芸能を、さまざまな面から考察したい。いま視野に入っているのは、翁舞と月の文化との関係である。

そして千数百年のあいだ禁じられ、抹殺されながら、ひそかに保たれてきた真の神話を甦らせ、月の大地母神イザナミの創造力と包容力を、また出雲の大母神カミムスヒの治癒力と再生力をわたしたちの文化にとり戻したいと思う。それを通して、近代が失った循環的な自然観と再生思想を、回復したい。

写真を使うことを認めてくださった井戸尻考古館に感謝し、また本書をまとめる上で適切な助言をいただいた御茶の水書房の橋本盛作氏と、五年前に同社から上梓した『百年の跫音』上・下につづいてお世話になった橋本育氏に、心からお礼を申し上げたい。

二〇〇九年五月六日

高良　留美子

著者紹介

高良留美子（こうら・るみこ）

詩人・評論家・作家　1932年東京生。東京芸大美術学部、慶応大学法学部に学ぶ。先鋭な文化雑誌「希望《えすぽわーる》」に参加。56年海路フランスへ短期留学、近代美術館勤務。89～96年城西大学女子短大文学部客員教授。９冊の詩集と２冊の選詩集（思潮社、土曜美術社）、２冊の小説集（彩流社）、長篇小説『百年の跫音』上下、『高群逸枝とボーヴォワール』をふくむ評論選集『高良留美子の思想世界』全６巻（共に御茶の水書房）、『岡本かの子　いのちの回帰』（翰林書房）、『恋する女――一葉・晶子・らいてうの時代と文学』（学藝書林）など多数。またテレビ番組『神々の詩《うた》』の詩集（毎日新聞社）、編訳詩集『アジア・アフリカ詩集』、日本神話論としては「スサノオ・冬至の日の巫女と交わる月のシャーマン王」（『光の神話考古――ネリー・ナウマン記念論文集』言叢社）がある。詩集『場所』により第13回Ｈ氏賞、『仮面の声』により第６回現代詩人賞、『風の夜』により第９回丸山豊記念現代詩賞を受賞。

装画：『西漢帛画』（中国）より。

花《はな》ひらく大地《だいち》の女神《めがみ》
――月の大地母神イザナミと出雲の王子オオクニヌシ

2009年６月25日　第１版第１刷発行

著　者――高良留美子
発行者――橋本盛作
発行所――株式会社御茶の水書房
〒113-0033　東京都文京区本郷5-30-20
電話　03-5684-0751　振替　00180-4-14774
http://www.ochanomizushobo.co.jp

装幀――佐藤俊男
印刷・製本――株式会社タスプ

Printed in Japan
ISBN978-4-275-00840-4 C3095